LE BOURGEOIS GENTILHOMME

Paru dans Le Livre de Poche :

AMPHITRYON
L'AVARE
DOM JUAN
L'ÉCOLE DES FEMMES
LES FEMMES SAVANTES
LES FOURBERIES DE SCAPIN
GEORGE DANDIN *suivi de*
LA JALOUSIE DU BARBOUILLÉ
LE MALADE IMAGINAIRE
LE MÉDECIN MALGRÉ LUI
LE MISANTHROPE
LES PRÉCIEUSES RIDICULES
LE TARTUFFE

MOLIÈRE

Le Bourgeois gentilhomme

Comédie-ballet

PRÉFACE ET NOTES DE JACQUES MOREL
NOTES COMPLÉMENTAIRES DE JEAN-PIERRE COLLINET

LE LIVRE DE POCHE

Texte conforme à l'édition des Grands Écrivains de la France.

Jacques Morel (1926-2006), professeur émérite à l'université de la Sorbonne nouvelle, a publié plusieurs études sur le théâtre français, notamment *La Tragédie* (Armand Colin, 1964), *Jean Rotrou dramaturge de l'ambiguïté* (Armand Colin, 1968), et le *Théâtre* de Racine (Garnier 1980). Il a édité au Livre de Poche plusieurs pièces de théâtre classique, dont *George Dandin* (1999) et *La Double Inconstance* de Marivaux (1999).

Jean-Pierre Collinet, professeur émérite à l'université de Dijon, est l'auteur, parmi d'autres ouvrages, de *Lectures de Molière* (Armand Colin, 1973) et des *Œuvres complètes* de La Fontaine (Gallimard, « La Pléiade », 1991). Il a commenté pour le Livre de Poche plusieurs pièces de Molière : *Le Tartuffe, Amphitryon et Dom Juan* (1999).

ISBN : 978-2-253-03780-4 - 1re publication - LGF

PRÉFACE

Le Bourgeois gentilhomme a été représenté pour la première fois le 14 octobre 1670 au château de Chambord devant le roi et la cour. C'est la dixième œuvre de Molière appartenant au genre mixte de la comédie-ballet, inauguré en 1661 avec *Les Fâcheux*. Mais c'est la seule qui ait toujours comporté le sous-titre de *comédie-ballet*, toutes les autres restant intitulées *comédies*. Si l'on en croit le premier biographe de Molière, Grimarest, les nobles spectateurs de Chambord n'accordèrent au *Bourgeois* que des applaudissements discrets. Le roi aurait attendu plusieurs jours avant de féliciter publiquement Molière et la cour aurait suivi. Quoi qu'il en soit, le succès fut très vite assuré, non seulement à la cour, mais aussi à la ville où la pièce fut créée dès novembre dans la même version, c'est-à-dire avec les divertissements qu'elle comprenait.

L'œuvre était attendue. Louis XIV se souvenait de la visite décevante que lui avait rendue, à la fin de 1669, l'ambassadeur du Grand Seigneur, Soliman Aga. Il n'avait pas oublié non plus l'humiliation que venait de subir son propre ambassadeur, emprisonné puis expulsé sans ménagement. La comédie de Molière semble avoir eu pour premier objet de ridiculiser d'insolents partenaires. Le chevalier d'Arvieux, bon connaisseur des choses de la Turquie, conte dans ses *Mémoires* que le roi lui avait ordonné de se joindre à Molière et à Lulli « pour composer une pièce de théâtre où l'on pût faire entrer quelque chose des habillements et des manières des Turcs ». Une rencontre aurait eu lieu à cet effet dans la maison de Molière à Auteuil. Autour de ce premier noyau une équipe s'était constituée, avec Beauchamp, le maître de ballet, Gissey, le dessinateur des costumes, Baraillon, le maître tailleur, et l'indispensable Charles Vigarani, associé comme décorateur à tous les divertissements royaux depuis 1662. Si l'on ajoute qu'en plus de la troupe de Molière participaient à la représentation les plus brillantes vedettes de la danse et du chant, on imagine aisément l'ampleur du spectacle, et sa difficulté.

Le public éclairé fit un accueil d'autant plus chaleureux au *Bourgeois* qu'il pouvait y apprécier l'heureux mariage que Molière et ses collaborateurs avaient su ménager entre une comédie follement gaie et les divertissements qui paraissaient s'y introduire naturellement, comme appelés par le sujet. Le charme de toute comédie-ballet moliéresque réside dans la subtile alliance du verbe comique et de la noble délicatesse des chants, des pas et de la « symphonie ». Mais l'invention première du *Bourgeois* justifiait pleinement celle-ci aussi bien que celui-là et autorisait encore des échanges de ton et de style entre le dialogue et la partition. Il fallait être un critique aussi sévère que le père Rapin pour s'étonner que « la Cour, où l'on est si délicat », applaudît aux « caractères outrés » du *Bourgeois* et du *Malade*. Pourtant ce jugement de l'auteur des *Réflexions sur la Poétique d'Aristote* (1674) est curieusement confirmé par Grimarest en 1705 : « Le spectacle d'ailleurs, quoique outré et hors du vraisemblable, mais parfaitement bien exécuté, attirait les spectateurs ; et on laissait gronder les critiques sans faire attention à ce qu'ils disaient contre cette pièce. »

Le Bourgeois gentilhomme procède d'une intrigue amoureuse conforme à la plus ancienne tradition comique : deux jeunes gens sont amoureux l'un de l'autre. Cet amour est contrarié par les projets et l'ambition du père de la jeune fille. Le dénouement leur permettra pourtant de s'épouser. Ce schéma a nourri non seulement bien des comédies de l'Antiquité latine et de la Renaissance italienne et française, mais encore nombre de pastorales du XVIIIᵉ siècle, d'Alexandre Hardy à Quinault. Selon cette double tradition, les amants obtiennent l'aveu du père grâce à une péripétie où les mérites du jeune homme sont reconnus, son haut rang dévoilé ou son identité précisée. Molière lui-même a donné des exemples de ces trois modèles : dans *Les Fâcheux*, Damis accorde sa nièce à Éraste quand celui-ci a prouvé son héroïsme en le tirant des mains de spadassins ; dans *L'Avare*, Valère obtient Élise quand il est reconnu comme fils du seigneur Anselme ; et, déjà, dans *L'École des femmes*, la reconnaissance du dénouement permet à Horace d'épouser Agnès. Dans *Le Bourgeois gentilhomme*, Molière a seulement précisé l'appartenance sociale du père et ses ambitions : c'est un « bourgeois » qui se veut « gentilhomme ». Il s'est refusé d'autre part aux facilités de la reconnaissance aussi bien qu'au motif de la « conversion héroïque » du père, substituant à l'une comme à l'autre le détour d'une « comédie » où le jeune homme passe pour ce qu'il n'est pas. Étrangement, c'est cette comédie elle-même qui assure la vraisemblance du dénouement heureux. Tous les personnages demeurent ici eux-mêmes : la folie de noblesse de M. Jourdain reste au dénouement identique à ce qu'elle était aux premières scènes et le jeune Cléonte garde, au moment d'épouser Lucile, le « rang assez passable » qu'il avouait en « honnête homme » à la scène 12 de l'acte III.

Dans la tradition comique la plus largement représentée, le poète met en scène au dénouement le passage de l'illusion ou de la tromperie à la conscience du réel et plus généralement des préjugés à la bonne santé morale. C'est ce que *Le Tartuffe* mettait encore en œuvre : la folie d'Orgon et celle de Mme Pernelle s'y effaçaient au profit de la lucidité incarnée par Elmire et Cléante. C'est l'inverse qui se passe dans *Le Bourgeois* : la folie du personnage central n'y trouve aucune guérison et les feintes de ses partenaires ne prennent pas fin quand le rideau tombe. Tout se passe comme si le poète entendait ménager les illusions du héros et la complaisance de ceux qui les exploitent. Molière mettra plus tard en application des principes analogues dans les scènes finales du *Malade imaginaire*.

Ces modifications et ces adaptations apportées à un schéma hérité font apparaître l'étroite liaison que le poète a voulu assurer entre l'histoire d'amour qu'il conte et la satire sociale qu'il instaure. La comédie du *Bourgeois* fait en effet constamment référence à un milieu social étroitement défini : celui d'une bourgeoisie enrichie par le commerce, à laquelle sa fortune autorise les ambitions les plus élevées. On a pu voir dans les prétentions de M. Jourdain la caricature de celles d'un Colbert. Plus généralement, ces prétentions rappellent celles de beaucoup de contemporains qui s'achetaient à deniers comptants des arbres généalogiques ou du moins un moyen d'anoblissement que l'achat d'une terre ou le mariage d'une fille pouvaient concrétiser. Le héros du *Bourgeois gentilhomme* ne fait que pousser cette manie à son extrême limite en se prétendant noble de souche et en entendant vivre comme tel, c'est-à-dire dans une coûteuse oisiveté et un mécénat ruineux[1].

Mais *Le Bourgeois* est aussi une comédie-ballet. Le ballet de cour, mythologique, pastoral ou comique, a été pratiqué en France dès la fin du XVIᵉ siècle. C'est un divertissement qui comporte des « entrées », muettes mais dansées, exprimant une idée qu'un livret précise à l'intention des spectateurs ; éventuellement des vers, non lus, mais remis aux dames par les

---

1. On trouvera une analyse de la pièce et une étude des personnages, p. 131.

nobles personnages qui dansent le ballet ; des « récits »
ou tirades débitées et couplets chantés par des personnages qui ne dansent pas. Le « dessein » du ballet
est tracé par des gens de cour et le roi, les princes et
les courtisans participent à l'exécution de cette œuvre
collective. C'est seulement à l'époque de Molière que
cette exécution a été confiée progressivement à des
professionnels de la poésie, de la musique, de la danse
et du chant. Quand Molière crée *Le Bourgeois gentilhomme*, Louis XIV vient tout juste de renoncer à jouer
un rôle dans les ballets.

Molière a écrit et représenté sa première comédie-
ballet, *Les Fâcheux*, à l'occasion des fêtes offertes par
le surintendant Fouquet au jeune Louis XIV dans le
parc du château de Vaux-le-Vicomte (17 août 1661).
Le principe de cette œuvre était de remplir les
entractes d'une sorte de comédie à sketches par des
divertissements dansés dont le thème constant était le
même que celui de la comédie. Les comédies-ballets
données par Molière entre 1664 et 1670, malgré la
diversité de leurs sujets, procédaient d'une esthétique
analogue. La plupart d'entre elles s'inséraient dans
des divertissements d'une certaine ampleur, comme
La Princesse d'Élide qui ne constitua, en 1664, qu'un
des « Plaisirs de l'Île enchantée » donnés dans les jar-
dins de Versailles, mais d'autres, comme *Les Amants
magnifiques*, de février 1670, composaient l'ensemble
du « Divertissement royal ».

L'originalité du *Bourgeois gentilhomme* est de se pré-
senter comme un tout cohérent et d'offrir une série
d'emboîtements significatifs, la pièce constituant,
comme *Les Amants*, un vaste divertissement, mais
présenté à la fois au bourgeois qui est censé l'offrir et
au souverain qui l'offre en réalité. Cette singularité
apparaît bien d'emblée. Le prologue du *Bourgeois gentilhomme*, ou plutôt son « ouverture », au lieu d'être
consacré à l'éloge de la personne royale, prélude
directement à la comédie en présentant divers person-

nages qui joueront ensuite un rôle dans le dialogue et en préparant la sérénade que M. Jourdain entendra à la scène 2 de l'acte I. La turquerie du quatrième acte, qui est à l'origine de la composition de l'œuvre, joue un rôle essentiel dans la préparation du dénouement. Enfin, le Ballet des Nations qui clôt le spectacle est présenté comme un divertissement « préparé » par et pour les personnages de la comédie. Le personnage central du *Bourgeois gentilhomme* n'est pas seulement spectateur et auditeur des danses et des chants introduits à l'intérieur des actes ou présentés en intermèdes : il se donne lui-même en spectacle en chantant, en dansant et en acceptant de jouer sans le savoir un rôle burlesque dans la prétendue cérémonie turque où il se prend pour un héros alors qu'il est une victime. Cette imbrication, et parfois cette confusion entre le jeu comique et le divertissement musical, n'empêchent pas l'œuvre de s'inscrire dans la lignée de la comédie d'amour traditionnelle. Il s'accommode également d'une satire sociale inscrite dans le titre même de la pièce. Le paradoxe du *Bourgeois gentilhomme* réside précisément dans cette conciliation qui implique une entente, voire une complicité étroite, entre le poète, son décorateur, Vigarani, et surtout Lulli son musicien, qui accepta d'ailleurs de jouer lui-même le rôle du Mufti dans la turquerie. Cependant, *Le Bourgeois gentilhomme* s'inscrit, plus que les autres comédies-ballets de Molière, dans la série des comédies consacrées aux gens de « la ville ». L'œuvre rappelle ainsi *Le Tartuffe* et *L'Avare*. M. Jourdain est d'ailleurs un héros de l'illusion comme Tartuffe, et un personnage de monomane comme Harpagon. Mais il est aussi le contraire de l'un comme de l'autre : l'illusion qu'il véhicule est brillante et superficielle, quand celle que représente Tartuffe est ténébreuse ; la passion qui l'habite, d'autre part, n'est pas l'avarice, mais la prodigalité familière aux gens de cour.

Si *Le Bourgeois gentilhomme*, on l'a dit, se présente ainsi comme un tout cohérent, il est cependant, comme toute œuvre dramatique, constitué de grands ensembles théâtralement ou stylistiquement autonomes et comporte ainsi des effets de rupture et des effets d'alternance.

Dans sa forme définitive, la comédie ne présente aucune rupture sensible entre les deux premiers actes, la première réplique de M. Jourdain à l'acte II faisant immédiatement référence à l'intermède dansé auquel on vient d'assister. Elle n'en comporte pas davantage entre les actes III et IV : durant l'intermède les cuisiniers ont préparé la table du festin, et à la première scène de l'acte IV Dorimène et Dorante engagent immédiatement le dialogue sur la splendeur et l'originalité de celui-ci. En revanche, une rupture est sensible entre les actes II et III : si l'évocation de l'habit de M. Jourdain crée un lien thématique entre la dernière scène de l'acte II et la première de l'acte III, on ne voit aucune continuité de l'action entre la danse des garçons tailleurs du second intermède et les propos tenus par M. Jourdain à la première scène de l'acte III. De même, la rupture est évidente entre les deux derniers actes : certes le dialogue des époux à la première scène de l'acte V fait référence à la turquerie de l'intermède, mais à la fin de celle-ci les Turcs ont laissé seul le nouveau *Mamamouchi*. Il est d'ailleurs probable que, pour les aménagements nécessaires au Ballet des Nations, la ferme qui s'était ouverte pour la cérémonie cache le fond de la scène pendant tout l'acte V. Dès lors, un premier découpage est rendu possible par les indications du texte, si discrètes soient-elles ; après les deux premiers actes consacrés à la comédie des maîtres, les actes III et IV à la comédie domestique et aux galanteries de M. Jourdain, le dernier acte propose un dénouement à l'une comme à l'autre avant le ballet final qui d'ailleurs ne fait référence ni à l'une ni à l'autre.

Au moment de la création, M. Jourdain demeurait

certainement en scène après le départ des Turcs (fin de l'acte IV) et le dernier acte commençait immédiatement avec l'entrée de Mme Jourdain. Dans l'édition de 1734, il est précisé qu'à la fin de la turquerie le Mufti et ses acolytes emmènent avec eux le nouveau *Mamamouchi*. Cela suppose que, sans doute pour ménager les forces de l'interprète principal, un entracte était alors introduit avant les scènes du dénouement.

À l'intérieur même des actes, si aucun effet de rupture ne marque l'acte I, non plus que les actes II et IV, l'acte III comporte une facile « liaison de fuite » après le dialogue de Cléonte et de Covielle qui termine l'épisode des amours des jeunes gens et avant l'ensemble des scènes consacrées au dîner offert à Dorimène. De même, à la fin de la première scène de l'acte V, une « liaison de fuite » analogue précède les scènes décisives du dénouement. Tout se passe comme si la comédie était construite en six tableaux, correspondant respectivement aux deux premiers actes, aux treize premières scènes de l'acte III, aux dernières scènes de cet acte et à l'ensemble de l'acte IV, à l'amusante ponctuation que crée le dialogue de M. Jourdain et de sa femme au début de l'acte V, à toute la fin de cet acte et enfin du Ballet des Nations.

Comme il est normal, le rythme de cette comédie-ballet procède d'un jeu d'alternance entre divertissements et dialogues. Les premiers sont de trois natures différentes. Ceux qu'on isole le plus aisément sont naturellement les intermèdes dansés à la fin des trois premiers actes et le Ballet des Nations qui termine le spectacle. En revanche, l'ouverture de la comédie annonce l'exécution de la sérénade de l'acte I et entre donc dans la même catégorie que cette sérénade, le dialogue chanté qui la suit, et les chansons à boire de l'acte IV, c'est-à-dire dans la classe des chants interprétés pour un auditeur privilégié, M. Jourdain. Un dernier type de divertissement fait intervenir M. Jour-

dain en personne : la chanson de Jeanneton qu'il
interprète seul, le menuet et l'habillement en cadence
où il est conduit par ses maîtres, enfin la turquerie,
où il se trouve au centre d'une cérémonie burlesque
aux nombreux interprètes. Par ailleurs, si l'on considère ces divertissements dans l'ordre de leur apparition, on constate qu'ils sont de plus en plus intégrés
à l'action de la comédie, jusqu'à l'intermède de la turquerie qui en constitue le sommet. Leur gratuité et
l'« artifice » de leur conception n'en demeurent pas
moins évidents, et sont enfin leur unique raison d'être
au moment où se déroule le Ballet des Nations : née
du jeu pur, la comédie se termine dans le divertissement pur.

Le dialogue dramatique du *Bourgeois gentilhomme*
est très largement diversifié. Il peut certes ressortir à
l'information et à l'action, soit en présentant les personnages, soit en fournissant les données de la double
intrigue (prétentions et amours de M. Jourdain,
intrigue amoureuse entre les jeunes gens). Les personnages de la première de ces intrigues sont tous
évoqués dès les deux premiers actes : M. Jourdain est
nommé et caractérisé dans les premières répliques de
la comédie où allusion est faite également au « grand
seigneur » qui ne deviendra « ce beau monsieur le
comte » qu'à l'acte III, quelques instants avant d'apparaître en personne ; Dorimène enfin est évoquée à
quatre reprises à l'acte II, et trois fois dans l'aparté de
l'acte III entre Dorante et M. Jourdain, avant d'entrer
en scène au début de la séquence du dîner. Au
contraire, les personnages liés à l'intrigue seconde ne
sont évoqués que peu avant leur apparition. Si le personnage de Lucile fait l'objet d'allusions plus ou
moins précises aux scènes 3, 5 et 7 de l'acte III avant
de faire son entrée, la dernière, à la scène 10, Cléonte
et Covielle ne sont présentés qu'immédiatement
avant leur entrée en scène (III, 8) et Nicole, qui entre
en scène au début de l'acte III, quand M. Jourdain

vient tout juste de la nommer, n'a été évoquée auparavant que dans un court exemple de « prose » pro-
posé par M. Jourdain au maître de philosophie.
Quant à l'épouse du héros, elle entre d'elle-même et
se présente elle-même à la scène 3 de l'acte III, 3 ;
elle provoque un effet de surprise analogue (IV, 2) en
interrompant la galante conversation de son mari avec
Dorimène ; son entrée n'est pas davantage annoncée
au début de l'acte V où elle se moque du personnage
de Turc joué par son mari, ou à la dernière scène de
la comédie, où elle tente de faire obstacle au mariage
de sa fille avec un « carême-prenant ». Dans tous ces
cas Mme Jourdain entend manifester son opposition
à son mari, qu'il s'agisse de son vêtement, de ses
galanteries ou de sa prétention à la noblesse turque ;
elle le fait avec vivacité en multipliant les interroga-
tions et les exclamations. Une seule fois, à la scène 2
de l'acte III, elle use d'un autre style : c'est qu'alors
elle surprend, non son mari, qu'elle précède, mais les
quatre jeunes gens qui viennent « à propos » d'en finir
avec leur comédie du dépit amoureux, et qu'elle veut
assurer de son plein appui. Les modes de présentation
de ce personnage correspondent au statut particulier
qui est le sien : Mme Jourdain est caractérisée par
l'autonomie de la décision et la cohérence de la
conduite ; c'est ce qui lui confère peut-être, malgré la
relative rareté de ses apparitions, un relief que ne possède aucun des autres personnages.

Comme les personnages qui y participent, les évé-
nements liés à l'intrigue galante de M. Jourdain sont
évoqués dès les deux premiers actes, où le dîner et le
ballet prévu à sa suite sont annoncés ; d'autres éléments appartenant à la même intrigue sont men-
tionnés dans les toutes premières scènes de l'acte III.
À l'intérieur même de la comédie des maîtres, l'ordre
d'entrée des deux derniers est donné à la scène 2 de
l'acte I. En revanche, l'intrigue amoureuse des jeunes
gens n'est présentée que dans l'acte même où elle
s'insère, l'acte III, et c'est encore de cet acte III que

surgit l'idée de la mascarade turque. Ainsi voit-on que
Molière, dans l'exposition et les divers effets de préparation, s'est autorisé de singulières libertés avec les
« règles ». Chacune des comédies emboîtées dans *Le
Bourgeois gentilhomme* comporte son exposition
propre, et celle-ci n'intervient qu'au moment où le
dramaturge en a besoin. Seule la comédie-cadre de la
réception de Dorimène est annoncée dès les premières répliques de l'œuvre.

Ces effets de décalage s'accompagnent de quelques
incertitudes, au moins apparentes : au début de la
comédie, M. Jourdain demande à ses deux premiers
maîtres de ne pas le quitter avant l'arrivée du tailleur :
or, ils seront à ce moment sortis de scène l'un et
l'autre. Au début de l'acte III, M. Jourdain s'apprête
à sortir pour « montrer *son* habit par la ville » : projet
peut-être sans suite, car rien n'indique qu'il l'a mis à
exécution après sa sortie en compagnie de Dorante, à
la fin de la scène 6 de l'acte III. À la scène 12 du
même acte, Mme Jourdain invite sa fille à venir dire
à son père qu'elle ne veut épouser que Cléonte : on
ne peut guère considérer le court monologue de
M. Jourdain à la scène 14 comme faisant allusion à
une déclaration de cet ordre. Inversement, à la
scène 5 de l'acte IV, Dorante s'adresse à Covielle
comme s'il le connaissait depuis longtemps : rien jusqu'alors ne pouvait faire penser à une telle familiarité,
pas même la rapide allusion que Cléonte consacre à
« Monsieur le Comte » (III, 9) non plus qu'à l'estime
professée par Dorante et par Dorimène pour Cléonte,
qui s'exprime au début de l'acte V. Il y a là une sorte
de désinvolture, probablement volontaire : Molière
fait passer le souci de la cohérence esthétique avant
celui de la cohérence logique.

Chacune des deux intrigues amoureuses contient
un nœud décisif. Cléonte présente sa demande à
M. Jourdain à la scène 12 de l'acte III : il est évincé,
et le Bourgeois ne reviendra pas sur sa décision. L'entreprise de séduction de Dorimène est compromise, à

la scène 2 de l'acte IV, par l'arrivée intempestive de Mme Jourdain ; cette entreprise n'aura de suite que dans l'imagination du Bourgeois. Mais la rebuffade dont Cléonte est victime n'a d'autre objet que de justifier le divertissement turc, et l'interruption du dîner a pour « cause finale » la présentation du ballet « qu'on avait préparé » à l'extrême fin du spectacle, et non en un lieu et à un moment où son ampleur ne lui permettait pas de trouver place. Certes, les deux intrigues trouvent leur dénouement à l'acte V, mais la fantaisie de celui-ci le fait plutôt ressortir au ballet qu'à la comédie. Au reste, bien des pages dialoguées de l'œuvre n'ont que peu de rapport avec les intrigues qui s'y déroulent, et s'apparentent au genre de la satire ou à l'efficace mécanique de la farce.

Peuvent entrer dans la catégorie des pages de satire le dialogue de M. Jourdain avec ses maîtres de musique et de danse, où Molière fait une sorte de pastiche de la *République* de Platon, naguère glosée par le père Mersenne dans son *Harmonie universelle* (1636) ; la leçon d'escrime où le poète, comme il l'a fait ailleurs pour le vocabulaire médical, trouve son plaisir et celui de l'auditeur en jouant d'un langage technique et de ses amusantes sonorités ; les propos du maître de philosophie enseignant la prononciation des voyelles, transposition de quelques pages du *Discours physique de la parole* de Cordemoy (1668). Le même plaisir se retrouve encore dans la tirade de Dorante sur la gastronomie, dont on retrouve les éléments dans les traités de l'époque. Cette intrusion, dans la comédie, de la langue des arts et des métiers, présente quelques analogies avec l'utilisation de langues étrangères, authentiques ou fantaisistes, dans les divertissements. Son efficacité, qui est celle de certaines citations montaignistes ou de certains « collages » dans l'art moderne, est d'autant plus grande qu'elle contrevient insolement au principe de la cohérence linguistique, que les doctes du XVIIᵉ siècle, et même le bon goût mondain, entendaient imposer aux

belles-lettres. Mais de plus, aux deux premiers actes de
la comédie en tout cas, Molière semble bien, en repre-
nant telle doctrine purement théorique ou tel langage
de spécialiste, opposer l'efficacité réelle des arts qu'il
admire à la sotte et vaine prétention de leurs thuri-
féraires. Aussi bien les maîtres qui présentent leurs
arts comme des activités pacificatrices finissent-ils,
entraînés par la simple logique du langage qu'ils
emploient, par se battre comme des portefaix. C'est au
point que le moins scandaleux de tous est celui qui ne
professe que la loi de la jungle, c'est-à-dire le maître
d'armes. Curieusement, dans une comédie qui se veut
d'abord divertissement, paraît s'annoncer le débat des
Femmes savantes sur les sciences et sur la communica-
tion : ici comme là le spectateur est invité à préférer la
réalité d'un savoir-faire à l'inanité d'un savoir-dire,
mais cette préférence, qui est celle du vrai à l'illusoire,
annonce les folies de la turquerie de l'acte IV où autour
d'un *rien* (si tel est le sens qu'il faut donner au mot de
Mamamouchi) se construit un rituel trompeur où l'on a
pu voir le rappel insolent de l'ambassade de Soliman
Aga, occasion de cérémonies où le roi lui-même était
vêtu avec un luxe indiscret. L'étonnement scandalisé
de Mme Jourdain, trouvant à l'acte V son mari vêtu en
Mamamouchi, est du même ordre que celui qu'elle
exprimait à l'acte III en le trouvant habillé « comme
une personne de qualité ». Ainsi, l'opposition qu'ins-
taurait la comédie des maîtres entre la dangereuse
vanité du langage et l'efficacité des arts est comme
l'image d'une opposition plus fondamentale : celle de
la fragilité des « grandeurs d'établissement » à la soli-
dité des vertus bourgeoises.

Pourtant les faux-semblants sont aussi l'occasion
de dialogues-jeux parfaitement à leur place dans une
comédie-ballet. Les combats de l'acte II, après le
léger prélude des discussions de l'acte I entre le
maître de musique et le maître à danser, progressent
en « ballets de paroles », à trois, puis à quatre personnages, selon un tempo musical analogue, dans des

scènes pourtant non dépourvues de signification, à celui du dépit amoureux de l'acte III : répliques interrompues, reprise d'expressions avec variations ou transpositions de registre, succession des intervenants selon un ordre répétitif.

Il y a encore analogie entre le rythme et les jeux de langage du ballet de la turquerie et les scènes qui le précèdent et le préparent au début de l'acte IV ou celles qui les prolongent en écho au début de l'acte V. Celles-là présentent déjà Covielle, puis Cléonte, sous des déguisements turcs et jargonnant selon la tradition introduite en France par Rotrou dans *La Sœur* (1647) ; celles-ci, par la bouche des mêmes personnages, mais aussi par celle de M. Jourdain, reprennent comme en écho, et en les outrant encore, les propos tenus au cours de la cérémonie.

Ces préparations et ces échos achèvent le mariage du divertissement et de la comédie ; déjà, quand, à l'acte III, M. Jourdain fait étalage de ses connaissances nouvelles devant sa servante et sa femme, le poète parvient à concilier, dans la dissonance même, le dialogue du *sketch* satirique et celui de la simple comédie bourgeoise ; et, dans la scène du dîner, les élégantes et gratuites variations de Dorante sur la gastronomie ou l'agréable convention des chansons à boire se heurtent et se marient aux propos farcesques d'un amoureux lourdaud, ou à la vive intervention d'une femme de bon sens.

Ainsi le travail d'écriture de Molière dans *Le Bourgeois gentilhomme* se trouve, comme la construction de ses intrigues, ou l'invention de ses personnages, tirer son harmonie et sa fécondité de la rencontre de tons et de registres divers. Ce qui pourrait passer ailleurs pour incohérence et dysharmonie est ici à la source d'« incongruités de bonne chère » et de « barbarismes de bon goût », comme dans le repas présenté par Dorante.

Jacques MOREL

Le Bourgeois gentilhomme

LE
BOURGEOIS
GENTIL-HOMME.

COMEDIE-BALET.

Faite à Chambord pour le Divertissement du Roy, au mois
d'Octobre 1670.

Par I. B. P. DE MOLIERE.

Et representée en public à Paris, pour la
premiere fois, sur le Theatre du Palais
Royal, le 23. Novembre de la mesme
année 1670.

Par la Troupe du ROY.

LE BOURGEOIS GENTILHOMME

Comédie-ballet

Acteurs

MONSIEUR JOURDAIN, *bourgeois*
MADAME JOURDAIN, *sa femme*
LUCILE, *fille de Monsieur Jourdain*
NICOLE, *servante*
CLÉONTE, *amoureux de Lucile*
COVIELLE, *valet de Cléonte*
DORANTE, *comte, amant de Dorimène*
DORIMÈNE, *marquise*
MAÎTRE DE MUSIQUE
ÉLÈVE DU MAÎTRE DE MUSIQUE
MAÎTRE À DANSER
MAÎTRE D'ARMES
MAÎTRE DE PHILOSOPHIE
MAÎTRE TAILLEUR
GARÇON TAILLEUR
DEUX LAQUAIS,
Plusieurs musiciens, musiciennes, joueurs d'instruments, danseurs, cuisiniers, garçons tailleurs, et autres personnages des intermèdes et du ballet.

La scène est à Paris [1].

---

1. Chez M. Jourdain, dans une « salle haute ». Les notes de Jacques Morel sont suivies par les initiales J.M.

ACTE I

L'ouverture se fait par un grand assemblage d'instruments ; et dans le milieu du théâtre on voit un élève du Maître de musique, qui compose sur une table un air que le Bourgeois a demandé pour une sérénade.

Scène 1

MAÎTRE DE MUSIQUE, MAÎTRE À DANSER,
TROIS MUSICIENS, DEUX VIOLONS, QUATRE DANSEURS

MAÎTRE DE MUSIQUE, *parlant à ses Musiciens.* Venez, entrez dans cette salle, et vous reposez[1] là en attendant qu'il vienne.

MAÎTRE À DANSER, *parlant aux Danseurs.* Et vous aussi, de ce côté.

MAÎTRE DE MUSIQUE, *à l'élève.* Est-ce fait ?

L'ÉLÈVE. Oui.

MAÎTRE DE MUSIQUE. Voyons... Voilà qui est bien.

MAÎTRE À DANSER. Est-ce quelque chose de nouveau ?

MAÎTRE DE MUSIQUE. Oui, c'est un air pour une sérénade, que je lui ai fait composer ici, en attendant que notre homme fût éveillé.

MAÎTRE À DANSER. Peut-on voir ce que c'est ?

---

1. Nous dirions aujourd'hui « reposez-vous ». Au XVIIᵉ siècle, quand le verbe est à l'impératif, dans une proposition coordonnée aux précédentes par « et », le pronom personnel complément, au lieu de suivre le verbe, est placé devant. Autre exemple à l'acte II, scène 4 : « [...] et me donnez mon bonnet de nuit ».

MAÎTRE DE MUSIQUE. Vous l'allez entendre[1] avec le dialogue, quand il viendra. Il ne tardera guère.

MAÎTRE À DANSER. Nos occupations, à vous et à moi, ne sont pas petites maintenant.

MAÎTRE DE MUSIQUE. Il est vrai. Nous avons trouvé ici un homme comme il nous le faut à tous deux ; ce nous est une douce rente que ce monsieur Jourdain, avec les visions de noblesse et de galanterie[2] qu'il est allé se mettre en tête ; et votre danse et ma musique auraient à souhaiter que tout le monde lui ressemblât.

MAÎTRE À DANSER. Non pas entièrement ; et je voudrais pour lui qu'il se connût mieux qu'il ne fait aux choses que nous lui donnons[3].

MAÎTRE DE MUSIQUE. Il est vrai qu'il les connaît mal, mais il les paie bien ; et c'est de quoi maintenant nos arts ont plus besoin que de toute autre chose.

MAÎTRE À DANSER. Pour moi, je vous l'avoue, je me repais un peu de gloire[4], les applaudissements me touchent ; et je tiens que, dans tous les beaux-arts, c'est un supplice assez fâcheux que de se produire à des sots, que d'essuyer sur des compositions la barbarie d'un stupide[5]. Il y a plaisir, ne m'en parlez point[6], à travailler pour des personnes qui soient capables de sentir les délicatesses d'un art, qui sachent faire un doux accueil aux beautés d'un ouvrage, et par de chatouillantes[7] approbations vous régaler[8] de votre travail. Oui, la récompense

---

1. Antéposition similaire devant « aller » lorsque ce verbe est suivi d'un infinitif doté d'un pronom personnel complément d'objet : pour « vous allez l'entendre », on dit le plus souvent, à l'époque de Molière : « vous l'allez entendre ».   2. Comprendre : « ses prétentions chimériques à la noblesse et à la galanterie ».   3. Comprendre : « qu'il se montrât meilleur connaisseur de ce que nous lui donnons » (sous-entendu : à entendre — la musique — et à voir — la danse).   4. Je me sens quelque appétit pour la gloire.   5. Comprendre : « je considère comme très désagréable, pour un artiste, quel qu'il soit, d'avoir à paraître devant des sots, ainsi qu'à supporter l'inculture d'un imbécile dépourvu de sens artistique et de goût ».   6. Sous-entendu : « cela va sans dire ».   7. Flatteuses. (J.M.)   8. Récompenser. (J.M.)

la plus agréable qu'on puisse recevoir des choses
que l'on fait, c'est de les voir connues, de les voir
caressées d'un applaudissement qui vous honore. Il
n'y a rien, à mon avis, qui nous paie mieux que
cela de toutes nos fatigues ; et ce sont des douceurs
exquises que des louanges éclairées.

MAÎTRE DE MUSIQUE. J'en demeure d'accord, et je les
goûte comme vous. Il n'y a rien assurément qui
chatouille davantage que les applaudissements que
vous dites. Mais cet encens ne fait pas vivre ; des
louanges toutes pures ne mettent point un homme
à son aise : il y faut mêler du solide ; et la meilleure
façon de louer, c'est de louer avec les mains [1]. C'est
un homme, à la vérité, dont les lumières [2] sont
petites, qui parle à tort et à travers de toutes choses,
et n'applaudit qu'à contresens ; mais son argent
redresse les jugements de son esprit ; il a du discer-
nement dans sa bourse ; ses louanges sont mon-
nayées [3], et ce bourgeois ignorant nous vaut mieux,
comme vous voyez, que le grand seigneur éclairé [4]
qui nous a introduits ici.

MAÎTRE À DANSER. Il y a quelque chose de vrai dans ce
que vous dites ; mais je trouve que vous appuyez
un peu trop sur l'argent ; et l'intérêt [5] est quelque
chose de si bas, qu'il ne faut jamais qu'un honnête
homme montre pour lui de l'attachement.

MAÎTRE DE MUSIQUE. Vous recevez fort bien pourtant
l'argent que notre homme vous donne.

MAÎTRE À DANSER. Assurément ; mais je n'en fais pas
tout mon bonheur, et je voudrais qu'avec son bien
il eût encore quelque bon goût des choses.

MAÎTRE DE MUSIQUE. Je le voudrais aussi, et c'est à quoi
nous travaillons tous deux autant que nous pouvons. Mais, en tout cas, il nous donne moyen de

---

1. En payant. (J.M.)   2. La « pénétration », l'« ouverture d'esprit ».
3. Triple expression de la même idée : il sait mal juger de ce qui est beau ; mais
il paye bien : cela compense largement son manque de goût.   4. Première
évocation de Dorante. (J.M.)   5. Vous insistez trop. « L'intérêt » : le
défaut des gens trop intéressés, trop attachés à l'argent.

nous faire connaître dans le monde[1] ; et il paiera
pour les autres ce que les autres loueront pour lui.

MAÎTRE À DANSER. Le voilà qui vient.

Scène 2

MONSIEUR JOURDAIN, DEUX LAQUAIS,
MAÎTRE DE MUSIQUE, MAÎTRE À DANSER,
VIOLONS, MUSICIENS ET DANSEURS

MONSIEUR JOURDAIN. Hé bien, messieurs ? Qu'est-ce ?
me ferez-vous voir votre petite drôlerie[2] ?

MAÎTRE À DANSER. Comment ! quelle petite drôlerie ?

MONSIEUR JOURDAIN. Eh là..., comment appelez-vous
cela ? votre prologue ou dialogue[3] de chansons et
de danse.

MAÎTRE À DANSER. Ah ! ah !

MAÎTRE DE MUSIQUE. Vous nous y voyez préparés.

MONSIEUR JOURDAIN. Je vous ai fait un peu attendre,
mais c'est que je me fais habiller aujourd'hui
comme les gens de qualité, et mon tailleur m'a
envoyé des bas de soie que j'ai pensé ne mettre
jamais[4].

MAÎTRE DE MUSIQUE. Nous ne sommes ici que pour
attendre votre loisir[5].

MONSIEUR JOURDAIN. Je vous prie tous deux de ne vous
point en aller[6] qu'on ne m'ait apporté mon habit,
afin que vous me puissiez voir[7].

MAÎTRE À DANSER. Tout ce qu'il vous plaira.

---

1. La bonne société.   2. Monsieur Jourdain — le Maître de musique l'a
dit — parle à tort et à travers de tout : on en trouve un premier échantillon
ici. De même, un peu plus loin, quand il hésite entre « prologue » et « dialogue », montrant qu'il en ignore le sens exact.   3. Il s'agit, comme le
montrera la suite de la scène, d'un dialogue chanté. (J.M.)   4. Que j'ai
bien cru ne jamais pouvoir mettre (à cause de leur délicate finesse à laquelle
il n'est pas habitué).   5. Voir Lexique, p. 157   6. De ne pas vous en
aller.   7. Sous-entendu : « avec mon habit neuf ».

MONSIEUR JOURDAIN. Vous me verrez équipé comme il faut, depuis les pieds jusqu'à la tête.

MAÎTRE DE MUSIQUE. Nous n'en doutons point.

MONSIEUR JOURDAIN. Je me suis fait faire cette indienne [1]-ci.

MAÎTRE À DANSER. Elle est fort belle.

MONSIEUR JOURDAIN. Mon tailleur m'a dit que les gens de qualité étaient comme cela le matin.

MAÎTRE DE MUSIQUE. Cela vous sied à merveille.

MONSIEUR JOURDAIN. Laquais ! holà, mes deux laquais !

PREMIER LAQUAIS. Que voulez-vous, monsieur ?

MONSIEUR JOURDAIN. Rien. C'est pour voir si vous m'entendez bien. *(Aux deux maîtres.)* Que dites-vous de mes livrées [2] ?

MAÎTRE À DANSER. Elles sont magnifiques.

MONSIEUR JOURDAIN. *(Il entrouvre sa robe et fait voir un haut-de-chausses [3] étroit de velours rouge et une camisole de velours vert, dont il est vêtu.)* Voici encore un petit déshabillé pour faire le matin mes exercices.

MAÎTRE DE MUSIQUE. Il est galant.

MONSIEUR JOURDAIN. Laquais !

PREMIER LAQUAIS. Monsieur.

MONSIEUR JOURDAIN. L'autre laquais !

SECOND LAQUAIS. Monsieur.

MONSIEUR JOURDAIN. Tenez ma robe [4]. Me trouvez-vous bien comme cela ?

MAÎTRE À DANSER. Fort bien. On ne peut pas mieux.

---

1. « Écharpe de toile peinte à l'indienne » (inventaire après décès de Molière). (J.M.)   2. Les livrées que portent ses deux laquais et dont il a choisi les couleurs à sa fantaisie, pour imiter la noblesse : « Les Grands Seigneurs, observe Furetière, font porter leurs livrées à leurs domestiques pour montrer qu'ils leur appartiennent. »   3. La culotte et la chemise de Monsieur Jourdain sont de couleurs criardes. (J.M.) À l'article « camisole », Furetière précise : « Petit vêtement qu'on met la nuit, ou pendant le jour, entre la chemise et le pourpoint pour être plus chaudement. Il ne va d'ordinaire que jusqu'à la ceinture. Il s'en fait de toile, de futaine, de coton, de ratine, de chamois, de soie, d'ouate, etc. » Donc, de très simples ou de très élégants. Ils représentent l'ancêtre de nos actuels sous-vêtements. 4. Ma robe de chambre : il s'agit du « petit déshabillé » dont il est parlé quelques lignes plus haut et que le Maître de musique a déclaré très élégant (« galant »). Voir Lexique, p. 156).

Monsieur Jourdain. Voyons un peu notre affaire[1].

Maître de musique. Je voudrais bien auparavant vous faire entendre un air qu'il vient de composer pour la sérénade que vous m'avez demandée. C'est un de mes écoliers[2], qui a pour ces sortes de choses un talent admirable.

Monsieur Jourdain. Oui ; mais il ne fallait pas faire faire cela par un écolier, et vous n'étiez pas trop bon vous-même pour cette besogne-là.

Maître de musique. Il ne faut pas, monsieur, que le nom d'écolier vous abuse. Ces sortes d'écoliers en savent autant que les plus grands maîtres, et l'air est aussi beau qu'il s'en puisse faire. Écoutez seulement...

Monsieur Jourdain. Donnez-moi ma robe pour mieux entendre... Attendez, je crois que je serai mieux sans robe... Non ; redonnez-la-moi, cela ira mieux.

Musicien, *chantant.*

> Je languis nuit et jour, et mon mal est extrême,
> Depuis qu'à vos rigueurs vos beaux yeux m'ont
> [soumis :
> Si vous traitez ainsi, belle Iris, qui vous aime,
> Hélas ! que pourriez-vous faire à vos ennemis ?

Monsieur Jourdain. Cette chanson me semble un peu lugubre, elle endort, et je voudrais que vous la pussiez un peu ragaillardir par-ci, par-là[3].

Maître de musique. Il faut, monsieur, que l'air soit accommodé[4] aux paroles.

Monsieur Jourdain. On m'en apprit un tout à fait joli, il y a quelque temps. Attendez... La..., comment est-ce qu'il dit ?

Maître à danser. Par ma foi ! je ne sais.

Monsieur Jourdain. Il y a du mouton dedans.

Maître à danser. Du mouton ?

Monsieur Jourdain. Oui. Ah !

---

1. Voir Lexique, p. 156. 2. Élèves ou disciples et non, comme le comprendra Monsieur Jourdain, apprentis sans expérience. (J.M.)
3. En rendre le mouvement plus vif et la tonalité plus gaillarde et plus gaie. 4. Adapté.

Monsieur Jourdain chante.

    Je croyais Janneton
    Aussi douce que belle,
    Je croyais Janneton
    Plus douce qu'un mouton :
    Hélas ! hélas ! elle est cent fois,
    Mille fois plus cruelle,
    Que n'est le tigre aux bois [1].

N'est-il pas joli [2] ?

MAÎTRE DE MUSIQUE. Le plus joli du monde.

MAÎTRE À DANSER. Et vous le chantez bien.

MONSIEUR JOURDAIN. C'est sans avoir appris la musique.

MAÎTRE DE MUSIQUE. Vous devriez l'apprendre, monsieur, comme vous faites la danse. Ce sont deux arts qui ont une étroite liaison ensemble.

MAÎTRE À DANSER. Et qui ouvrent l'esprit d'un homme aux belles choses.

MONSIEUR JOURDAIN. Est-ce que les gens de qualité apprennent aussi la musique ?

MAÎTRE DE MUSIQUE. Oui, monsieur.

MONSIEUR JOURDAIN. Je l'apprendrai donc. Mais je ne sais quel temps [3] je pourrai prendre ; car, outre le Maître d'armes qui me montre [4], j'ai arrêté encore un Maître de philosophie, qui doit commencer ce matin.

MAÎTRE DE MUSIQUE. La philosophie est quelque chose ; mais la musique, monsieur, la musique...

MAÎTRE À DANSER. La musique et la danse... La musique et la danse, c'est là tout ce qu'il faut.

MAÎTRE DE MUSIQUE. Il n'y a rien qui soit si utile dans un État que la musique.

MAÎTRE À DANSER. Il n'y a rien qui soit si nécessaire aux hommes que la danse.

---

1. Le texte complet de cette chanson a été retrouvé par Paulin Paris, et publié au tome IV de son édition de Tallemant des Réaux (Paris, 1864). Elle est due à Pierre Perrin, auteur de l'opéra de *Pomone* (1620-1675). (J.M.)   2. Voir Lexique, p. 157.   3. Quel moment de la journée. 4. M'enseigne (sous-entendu : l'escrime).

MAÎTRE DE MUSIQUE. Sans la musique, un État ne peut subsister.

MAÎTRE À DANSER. Sans la danse, un homme ne saurait rien faire.

MAÎTRE DE MUSIQUE. Tous les désordres, toutes les guerres qu'on voit dans le monde, n'arrivent que pour n'apprendre pas la musique.

MAÎTRE À DANSER. Tous les malheurs des hommes, tous les revers funestes dont les histoires sont remplies, les bévues des politiques[1] et les manquements des grands capitaines[2], tout cela n'est venu que faute de savoir danser.

MONSIEUR JOURDAIN. Comment cela ?

MAÎTRE DE MUSIQUE. La guerre ne vient-elle pas d'un manque d'union entre les hommes ?

MONSIEUR JOURDAIN. Cela est vrai.

MAÎTRE DE MUSIQUE. Et si tous les hommes apprenaient la musique, ne serait-ce pas le moyen de s'accorder[3] ensemble, et de voir dans le monde la paix universelle ?

MONSIEUR JOURDAIN. Vous avez raison.

MAÎTRE À DANSER. Lorsqu'un homme a commis un manquement dans sa conduite, soit aux affaires de sa famille, ou au gouvernement d'un État, ou au commandement d'une armée[4], ne dit-on pas toujours : « Un tel a fait un mauvais pas dans une telle affaire ? »

MONSIEUR JOURDAIN. Oui, on dit cela.

MAÎTRE À DANSER. Et faire un mauvais pas peut-il procéder d'autre chose que de ne savoir pas danser ?

MONSIEUR JOURDAIN. Cela est vrai, vous avez raison tous deux.

---

1. Les hommes d'État.   2. Les fautes ou défaillances des plus habiles stratèges.   3. Le Maître de musique joue sur le double sens du verbe « accorder », qui s'emploie aussi bien pour les instruments, en particulier à cordes, que pour la bonne entente entre les peuples.   4. Donc en tant que chef de famille, d'État ou d'armée. Le Maître de danse tient à son idée : il reprend et développe ce qu'il vient déjà de dire.

MAÎTRE À DANSER. C'est pour vous faire voir l'excellence et l'utilité de la danse et de la musique[1].

MONSIEUR JOURDAIN. Je comprends cela à cette heure.

MAÎTRE DE MUSIQUE. Voulez-vous voir nos deux affaires[2] ?

MONSIEUR JOURDAIN. Oui.

MAÎTRE DE MUSIQUE. Je vous l'ai déjà dit, c'est un petit essai que j'ai fait autrefois des diverses passions que peut exprimer la musique.

MONSIEUR JOURDAIN. Fort bien.

MAÎTRE DE MUSIQUE, *aux Musiciens.* Allons, avancez. *(À M. Jourdain.)* Il faut vous figurer qu'ils sont habillés en bergers.

MONSIEUR JOURDAIN. Pourquoi toujours des bergers[3] ? On ne voit que cela partout.

MAÎTRE À DANSER. Lorsqu'on a des personnes à faire parler en musique, il faut bien que, pour la vraisemblance, on donne dans la bergerie. Le chant a été de tout temps affecté aux bergers ; et il n'est guère naturel en dialogue que des princes ou des bourgeois chantent leurs passions.

MONSIEUR JOURDAIN. Passe, passe. Voyons.

Dialogue
en musique
UNE MUSICIENNE ET DEUX MUSICIENS

Un cœur, dans l'amoureux empire,
De mille soins[4] est toujours agité :

---

1. L'Opéra sera fondé en 1672 sous le double titre d'Académie de musique et de danse. (J.M.) 2. Le « Dialogue en musique » et les exercices chorégraphiques sur quoi se terminera le premier acte. Le musicien et le danseur s'entendent comme larrons en foire pour vanter concurremment devant Monsieur Jourdain chacun les ressources et les possibilités de son art, avant de se disputer bientôt contre le Maître d'armes, puis, avec lui, contre le Maître de philosophie : prélude à la dispute entre Vadius et Trissotin dans *Les Femmes savantes*. 3. La tradition pastorale s'est en effet prolongée au XVIIᵉ siècle dans les prologues de théâtre à machine, et généralement dans les chants et dialogues galants. (J.M.) 4. Souci.

On dit qu'avec plaisir on languit, on soupire ;
    Mais, quoi qu'on puisse dire,
Il n'est rien de si doux que notre liberté[1].

PREMIER MUSICIEN.

Il n'est rien de si doux que les tendres ardeurs
Qui font vivre deux cœurs dans une même envie.
On ne peut être heureux sans amoureux désirs :
    Ôtez l'amour de la vie,
    Vous en ôtez les plaisirs.

SECOND MUSICIEN.

Il serait doux d'entrer sous l'amoureuse loi,
    Si l'on trouvait en amour de la foi ;
    Mais, hélas ! ô rigueur cruelle !
On ne voit point de bergère fidèle ;
Et ce sexe inconstant, trop indigne du jour,
Doit faire pour jamais renoncer à l'amour.

PREMIER MUSICIEN.

    Aimable ardeur.

MUSICIENNE.

    Franchise heureuse.

SECOND MUSICIEN.

    Sexe trompeur.

PREMIER MUSICIEN.

    Que tu m'es précieuse !

MUSICIENNE.

    Que tu plais à mon cœur !

SECOND MUSICIEN.

    Que tu me fais d'horreur[2] !

PREMIER MUSICIEN.

Ah ! quitte pour aimer cette haine mortelle.

---

1. L'absence de toute liaison amoureuse. Comparer avec ce vers de La Fontaine dans son sonnet pour Mlle de Poussay : « J'étais libre, et vivais content et sans amour. » Il s'agit là d'un lieu commun de la poésie pastorale et galante.   2. Ces six vers chantés constituent en réalité trois répliques entrelacées comparables à ce que seront, dans le dialogue parlé, les compliments mutuels d'Argan et Diafoirus, à l'acte II du *Malade imaginaire*. (J.M.)

MUSICIENNE.
    On peut, on peut te montrer
    Une bergère fidèle.

SECOND MUSICIEN.
    Hélas ! où la rencontrer ?

MUSICIENNE.
    Pour défendre notre gloire,
    Je te veux offrir mon cœur.

SECOND MUSICIEN.
    Mais, Bergère, puis-je croire
    Qu'il ne sera point trompeur ?

MUSICIENNE.
    Voyons par expérience
    Qui des deux aimera mieux.

SECOND MUSICIEN.
    Qui manquera de constance,
    Le puissent perdre les dieux !

TOUS TROIS.
        À des ardeurs si belles
        Laissons-nous enflammer :
        Ah ! qu'il est doux d'aimer,
        Quand deux cœurs sont fidèles !

MONSIEUR JOURDAIN. Est-ce tout ?

MAÎTRE DE MUSIQUE. Oui.

MONSIEUR JOURDAIN. Je trouve cela bien troussé[1], et il y a là-dedans de petits dictons assez jolis[2].

MAÎTRE À DANSER. Voici, pour mon affaire, un petit essai des plus beaux mouvements, des plus belles attitudes dont une danse puisse être variée.

MONSIEUR JOURDAIN. Sont-ce encore des bergers ?

_____

1. Lestement tourné.   2. Richelet cite cette phrase, après l'avoir ainsi glosée : « Le mot de dicton signifie encore mots sentencieux qui ont quelque chose du proverbe, mais dans ce sens le mot de dicton est vieux et ne peut être reçu que dans le burlesque. »

MAÎTRE À DANSER. C'est ce qu'il vous plaira. Allons.

Quatre danseurs exécutent tous les mouvements diffé-
rents et toutes les sortes de pas que le Maître à danser
leur commande ; et cette danse fait le premier
intermède.

ACTE II

Scène 1

Monsieur Jourdain. Voilà qui n'est point sot, et ces gens-là se trémoussent bien[1].

Maître de musique. Lorsque la danse sera mêlée avec la musique, cela fera plus d'effet encore, et vous verrez quelque chose de galant[2] dans le petit ballet que nous avons ajusté[3] pour vous.

Monsieur Jourdain. C'est pour tantôt[4] au moins ; et la personne pour qui j'ai fait faire tout cela me doit faire l'honneur de venir dîner céans[5].

Maître à danser. Tout est prêt.

Maître de musique. Au reste, monsieur, ce n'est pas assez : il faut qu'une personne comme vous, qui êtes magnifique[6] et qui avez de l'inclination pour les belles choses, ait un concert de musique chez soi tous les mercredis ou tous les jeudis.

Monsieur Jourdain. Est-ce que les gens de qualité en ont ?

Maître de musique. Oui, monsieur.

---

1. Richelet cite également cette phrase, après avoir défini « se trémousser » par : « s'agiter, se remuer ». Monsieur Jourdain n'entend rien, on le voit, à l'art de la danse.   **2.** Le même Richelet traduit « galant » par : « qui a de la bonne grâce ».   **3.** Mis au point dans toutes les règles de l'art, arrangé spécialement à cette intention.   **4.** Voir Lexique, p. 158.   **5.** *Dîner* et *céans* : voir Lexique, p. 158.   **6.** Voir Lexique, p. 158.

Monsieur Jourdain. J'en aurai donc. Cela sera-t-il beau ?

Maître de musique. Sans doute. Il vous faudra trois voix : un dessus, une haute-contre, et une basse [1], qui seront accompagnées d'une basse de viole, d'un théorbe, et d'un clavecin [2] pour les basses continues, avec deux dessus de violon [3] pour jouer les ritournelles [4].

Monsieur Jourdain. Il y faudra mettre aussi une trompette marine [5]. La trompette marine est un instrument qui me plaît, et qui est harmonieux.

Maître de musique. Laissez-nous gouverner [6] les choses.

Monsieur Jourdain. Au moins n'oubliez pas tantôt de m'envoyer des musiciens, pour chanter à table.

Maître de musique. Vous aurez tout ce qu'il vous faut.

Monsieur Jourdain. Mais surtout, que le ballet soit beau.

---

1. Termes techniques pour désigner, au xviiᵉ siècle, les voix de soprano, de ténorino, de basse. Aux trois « parties de la musique » s'en ajoute une quatrième, qui manque ici : la « taille » qui, dit Furetière, « est de la portée ordinaire de la voix, quand elle n'est pas élevée comme le dessus, ni creuse comme la basse » et qui correspond au registre du ténor. Faut-il considérer son absence comme une anomalie destinée à produire un effet comique ? Monsieur Jourdain, en tout cas, ne songe pas à s'en étonner : visiblement, il n'y connaît rien.   2. Après les voix, les instruments : basse de viole, équivalant au violoncelle, téorbe ou tuorbe que Richelet définit comme un « luth à deux manches », en référence à Mersenne dans son « livre des instruments », avant de citer ce passage du *Bourgeois gentilhomme*, sans toutefois mentionner aussi le clavecin.   3. Après les instruments les partitions : « basses continues » (« Harmonie que font des théorbes, dit Furetière, ou des basses de violes, qui jouent continuellement tandis que les voix chantent, ou que d'autres instruments jouent leurs parties, ou que quelques-uns s'arrêtent ») et « dessus » (« En termes de musique, dit encore Furetière, est le son ou la voix la plus claire, et qui se fait mieux entendre en un concert : un dessus de violon, de viole, de hautbois »).   4. « Reprise qu'on fait des premiers vers d'une chanson, qu'on répète à la fin du couplet. Ce mot est venu d'Italie, et signifie la même chose à peu près que ce qu'on a toujours, en France, appelé refrain » (Furetière).   5. Long instrument monocorde utilisé en basse continue ; le caractère encombrant de cet instrument impressionne Monsieur Jourdain. (J.M.)   6. « Avoir le soin et la direction de quelque chose que ce soit » (Richelet).

MAÎTRE DE MUSIQUE. Vous en serez content, et, entre
   autres choses, de certains menuets que vous y
   verrez.

MONSIEUR JOURDAIN. Ah ! les menuets sont ma danse,
   et je veux que vous me les voyiez danser. Allons,
   mon maître.

MAÎTRE À DANSER. Un chapeau, monsieur, s'il vous
   plaît. La, la, la ; La, la, la, la, la, la ; La, la, la, *bis* ;
   La, la, la ; La, la. En cadence, s'il vous plaît. La,
   la, la, la. La jambe droite. La, la, la. Ne remuez
   point tant les épaules. La, la, la, la, la ; La, la, la,
   la, la. Vos deux bras sont estropiés. La, la, la, la,
   la. Haussez la tête. Tournez la pointe du pied en
   dehors : La, la, la. Dressez votre corps.

MONSIEUR JOURDAIN. Euh ?

MAÎTRE DE MUSIQUE. Voilà qui est le mieux du monde[1].

MONSIEUR JOURDAIN. À propos. Apprenez-moi comme
   il faut faire une révérence pour saluer une marquise : j'en aurai besoin tantôt.

MAÎTRE À DANSER. Une révérence pour saluer une marquise ?

MONSIEUR JOURDAIN. Oui : une marquise qui s'appelle
   Dorimène.

MAÎTRE À DANSER. Donnez-moi la main.

MONSIEUR JOURDAIN. Non. Vous n'avez qu'à faire : je le
   retiendrai bien.

MAÎTRE À DANSER. Si vous voulez la saluer avec beaucoup de respect, il faut faire d'abord une révérence
   en arrière, puis marcher vers elle avec trois révérences en avant, et à la dernière vous baisser jusqu'à ses genoux.

MONSIEUR JOURDAIN. Faites un peu. Bon.

PREMIER LAQUAIS. Monsieur, voilà votre maître d'armes
   qui est là.

MONSIEUR JOURDAIN. Dis-lui qu'il entre ici pour me
   donner leçon. Je veux que vous me voyiez faire.

---

1. Le menuet est alors à la mode. Celui du *Bourgeois gentilhomme* a déjà
été utilisé dans *Les Amants magnifiques*. (J.M.)

Scène 2

MAÎTRE D'ARMES, MAÎTRE DE MUSIQUE,
MAÎTRE À DANSER, MONSIEUR JOURDAIN,
DEUX LAQUAIS

MAÎTRE D'ARMES, *après lui avoir mis le fleuret à la main.* Allons, monsieur, la révérence [1]. Votre corps droit. Un peu penché sur la cuisse gauche. Les jambes point tant écartées. Vos pieds sur une même ligne. Votre poignet à l'opposite de votre hanche. La pointe de votre épée [2] vis-à-vis de votre épaule. Le bras pas tout à fait si étendu. La main gauche à la hauteur de l'œil. L'épaule gauche plus quartée. La tête droite. Le regard assuré. Avancez. Le corps ferme. Touchez-moi l'épée de quarte [3], et achevez de même. Une, deux. Remettez-vous [4]. Redoublez de pied ferme. Un saut en arrière. Quand vous portez la botte [5], monsieur, il faut que l'épée parte la première, et que le corps soit bien effacé. Une, deux. Allons, touchez-moi l'épée de tierce [6], et achevez de même. Avancez. Le corps ferme. Avancez. Partez de là. Une, deux. Remettez-vous. Redoublez. Un saut en arrière. En garde, monsieur, en garde [7].

---

1. Le salut à l'adversaire, avant de commencer le combat.   2. Terme inexact ici, puisqu'il s'agit, selon la didascalie, d'un fleuret. Mais à l'article « fleuret », Richelet donne cette définition : « Sorte d'épée au bout de laquelle il y a un bouton, et qui sert seulement pour apprendre à faire des armes. »   3. La « quarte », dit Richelet, « terme de Maître d'armes », désigne « un mouvement du poignet en dedans ». Donc : l'épaule un peu plus rentrée, afin de mieux se mettre en garde et de donner ainsi moins de prise à l'adversaire. Ni Richelet ni Furetière ne connaissent l'adjectif « quarté », qui n'appartient qu'au jargon des ferrailleurs.   4. Reprenez votre place et votre position. « Redoublez : portez deux coups. »   5. Le coup.   6. « Terme de Maître d'armes », dit Richelet encore. « C'est un mouvement du poignet en dehors qu'on fait en se battant à l'épée, ou en faisant des armes. » Le lexicographe cite ensuite comme exemple : « Toucher l'épée de tierce. »   7. Le vocabulaire technique de l'escrime constitue ici, non seulement un jeu verbal, mais aussi une série d'indications pour le jeu de l'acteur. (J.M.)

Le Maître d'armes lui pousse deux ou trois bottes, en lui disant : « En garde ».

MONSIEUR JOURDAIN. Euh ?

MAÎTRE DE MUSIQUE. Vous faites des merveilles.

MAÎTRE D'ARMES. Je vous l'ai déjà dit, tout le secret des armes ne consiste qu'en deux choses, à donner, et à ne point recevoir ; et comme je vous fis voir l'autre jour par raison démonstrative[1], il est impossible que vous receviez, si vous savez détourner l'épée de votre ennemi de la ligne de votre corps : ce qui ne dépend seulement que d'un petit mouvement du poignet ou en dedans, ou en dehors.

MONSIEUR JOURDAIN. De cette façon donc, un homme, sans avoir du cœur[2], est sûr de tuer son homme, et de n'être point tué ?

MAÎTRE D'ARMES. Sans doute. N'en vîtes-vous pas la démonstration ?

MONSIEUR JOURDAIN. Oui.

MAÎTRE D'ARMES. Et c'est en quoi l'on voit de quelle considération, nous autres, nous devons être dans un État, et combien la science des armes l'emporte hautement sur toutes les autres sciences inutiles, comme la danse, la musique, la...

MAÎTRE À DANSER. Tout beau, monsieur le tireur d'armes[3] : ne parlez de la danse qu'avec respect.

MAÎTRE DE MUSIQUE. Apprenez, je vous prie, à mieux traiter l'excellence de la musique.

MAÎTRE D'ARMES. Vous êtes de plaisantes gens, de vouloir comparer vos sciences à la mienne !

MAÎTRE DE MUSIQUE. Voyez un peu l'homme d'importance !

---

1. Voir Lexique, p. 156.   2. Du courage. Comparer avec la question de Don Diègue, dans *Le Cid* de Corneille : « Rodrigue, as-tu du cœur ? »   3. « Tireur d'armes est un Maître d'escrime qui apprend à tirer l'épée. » *Tout beau* : voir Lexique, p. 158.

MAÎTRE À DANSER. Voilà un plaisant animal, avec son plastron[1] !

MAÎTRE D'ARMES. Mon petit maître à danser, je vous ferais danser comme il faut. Et vous, mon petit musicien, je vous ferais chanter de la belle manière.

MAÎTRE À DANSER. Monsieur le batteur de fer[2], je vous apprendrai votre métier.

MONSIEUR JOURDAIN, *au Maître à danser.* Êtes-vous fou de l'aller quereller, lui qui entend la tierce et la quarte[3], et qui sait tuer un homme par raison démonstrative ?

MAÎTRE À DANSER. Je me moque de sa raison démonstrative, et de sa tierce et de sa quarte.

MONSIEUR JOURDAIN. Tout doux, vous dis-je.

MAÎTRE D'ARMES. Comment ? petit impertinent.

MONSIEUR JOURDAIN. Eh ! mon Maître d'armes.

MAÎTRE À DANSER. Comment ? grand cheval de carrosse.

MONSIEUR JOURDAIN. Eh ! mon Maître à danser.

MAÎTRE D'ARMES. Si je me jette sur vous...

MONSIEUR JOURDAIN. Doucement.

MAÎTRE À DANSER. Si je mets sur vous la main...

MONSIEUR JOURDAIN. Tout beau.

MAÎTRE D'ARMES. Je vous étrillerai d'un air...

MONSIEUR JOURDAIN. De grâce !

MAÎTRE À DANSER. Je vous rosserai d'une manière...

MONSIEUR JOURDAIN. Je vous prie.

MAÎTRE DE MUSIQUE. Laissez-nous un peu lui apprendre à parler.

MONSIEUR JOURDAIN. Mon Dieu ! arrêtez-vous.

---

1. « Terme de Maître d'armes. C'est une espèce de corselet qui est rempli de bourre, et couvert de cuir, que le Maître d'armes met devant son estomac quand il enseigne » (Richelet).   2. L'expression s'éclaire quand on la rapproche de ce que note Furetière à l'article « fer » : « Battre le fer, pour dire : s'exercer aux armes avec le fleuret. »   3. Richelet recueille à l'article « tierce » : « entendre la tierce et la quarte », précisant que cette « façon de parler est de Molière, *Bourgeois gentilhomme*, et est un peu figurée. Elle signifie bien faire des armes ».

Scène 3

MAÎTRE DE PHILOSOPHIE, MAÎTRE DE MUSIQUE,
MAÎTRE À DANSER, MAÎTRÉ D'ARMES,
MONSIEUR JOURDAIN, LAQUAIS

MONSIEUR JOURDAIN. Holà, monsieur le philosophe,
vous arrivez tout à propos avec votre philosophie[1].
Venez un peu mettre la paix entre ces personnes-
ci.

MAÎTRE DE PHILOSOPHIE. Qu'est-ce donc ? qu'y a-t-il, messieurs ?

MONSIEUR JOURDAIN. Ils se sont mis en colère pour la
préférence de leurs professions, jusqu'à se dire des
injures, et vouloir en venir aux mains.

MAÎTRE DE PHILOSOPHIE. Hé quoi ? messieurs, faut-il
s'emporter de la sorte ? et n'avez-vous point lu le
docte traité que Sénèque[2] a composé de la colère ?
Y a-t-il rien de plus bas et de plus honteux que
cette passion, qui fait d'un homme une bête fé-
roce ? et la raison ne doit-elle pas être maîtresse de
tous nos mouvements ?

MAÎTRE À DANSER. Comment, monsieur, il vient nous
dire des injures à tous deux, en méprisant la danse
que j'exerce, et la musique dont il fait profession ?

MAÎTRE DE PHILOSOPHIE. Un homme sage est au-dessus de
toutes les injures qu'on lui peut dire, et la grande
réponse qu'on doit faire aux outrages, c'est la modé-
ration et la patience.

MAÎTRE D'ARMES. Ils ont tous deux l'audace de vouloir
comparer leurs professions à la mienne.

MAÎTRE DE PHILOSOPHIE. Faut-il que cela vous émeuve ?
Ce n'est pas de vaine gloire et de condition[3] que
les hommes doivent disputer entre eux ; et ce qui
nous distingue parfaitement les uns des autres, c'est
la sagesse et la vertu.

---

1. Voir Lexique, p. 158.   2. Le *De ira.* (J.M.)   3. « Profession, état
de vie. État où la fortune met une personne » (Richelet).

MAÎTRE À DANSER. Je lui soutiens que la danse est une science à laquelle on ne peut faire assez d'honneur.

MAÎTRE DE MUSIQUE. Et moi, que la musique en est une que tous les siècles ont révérée.

MAÎTRE D'ARMES. Et moi, je leur soutiens à tous deux que la science de tirer des armes est la plus belle et la plus nécessaire de toutes les sciences.

MAÎTRE DE PHILOSOPHIE. Et que sera donc la philosophie ? Je vous trouve tous trois bien impertinents de parler devant moi avec cette arrogance, et de donner impudemment le nom de science à des choses que l'on ne doit pas même honorer du nom d'art, et qui ne peuvent être comprises que sous le nom de métier misérable de gladiateur, de chanteur et de baladin[1] !

MAÎTRE D'ARMES. Allez, philosophe de chien.

MAÎTRE DE MUSIQUE. Allez, bélître de pédant.

MAÎTRE À DANSER. Allez, cuistre fieffé[2].

MAÎTRE DE PHILOSOPHIE. Comment ? marauds que vous êtes...

Le Philosophe se jette sur eux, et tous trois le chargent de coups, et sortent en se battant.

MONSIEUR JOURDAIN. Monsieur le Philosophe !

MAÎTRE DE PHILOSOPHIE. Infâmes ! coquins ! insolents !

MONSIEUR JOURDAIN. Monsieur le Philosophe !

MAÎTRE D'ARMES. La peste de l'animal !

MONSIEUR JOURDAIN. Messieurs !

MAÎTRE DE PHILOSOPH. Impudents !

MONSIEUR JOURDAIN. Monsieur le Philosophe !

MAÎTRE À DANSER. Diantre[3] soit de l'âne bâté !

MONSIEUR JOURDAIN. Messieurs !

---

1. La science est connaissance intellectuelle, l'art est compétence technique, le métier savoir-faire pratique : les noms de gladiateur, chanteur et baladin ont donc, dans la bouche d'un représentant de la « science », une acception tout à fait péjorative. (J.M.)   2. Chacune de ces trois injures se rattache à l'oxymore ou alliance de mots, la première comportant de plus une inversion de termes. (J.M.)   3. « Mot burlesque pour dire le diable » (Richelet). Donc : Diable soit de l'âne bâté !

MAÎTRE DE PHILOSOPHIE. Scélérats !
MONSIEUR JOURDAIN. Monsieur le Philosophe !
MAÎTRE DE MUSIQUE. Au diable l'impertinent !
MONSIEUR JOURDAIN. Messieurs !
MAÎTRE DE PHILOSOPHIE. Fripons ! gueux ! traîtres ! imposteurs !

Ils sortent.

MONSIEUR JOURDAIN. Monsieur le Philosophe, messieurs, monsieur le Philosophe, messieurs, monsieur le Philosophe ! Oh ! battez-vous tant qu'il vous plaira : je n'y saurais que faire, et n'irai pas gâter ma robe pour vous séparer. Je serais bien fou de m'aller fourrer parmi eux, pour recevoir quelque coup qui me ferait mal [1].

Scène 4

MAÎTRE DE PHILOSOPHIE, MONSIEUR JOURDAIN

MAÎTRE DE PHILOSOPHIE, *en raccommodant son collet.* Venons à notre leçon.
MONSIEUR JOURDAIN. Ah ! monsieur, je suis fâché des coups qu'ils vous ont donnés.
MAÎTRE DE PHILOSOPHIE. Cela n'est rien. Un philosophe sait recevoir comme il faut les choses, et je vais composer contre eux une satire du style de Juvénal [2], qui les déchirera [3] de la belle façon. Laissons cela. Que voulez-vous apprendre ?
MONSIEUR JOURDAIN. Tout ce que je pourrai, car j'ai toutes

---

1. Les quinze dernières répliques constituent un « ballet de paroles », où Monsieur Jourdain prononce une réplique sur deux, le Maître de philosophie une réplique sur quatre, chacun des trois autres personnages intervenant à son tour pour une seule réplique. (J.M.)   2. Très lu au XVIIe siècle, est alors considéré comme le satirique latin le plus mordant. Au début du siècle, Mathurin Régnier se recommande déjà de sa manière. (J.M.)   3. « Déchirer : médire, noircir la réputation, parler mal de quelqu'un » (Richelet).

les envies du monde d'être savant ; et j'enrage que mon père et ma mère ne m'aient pas fait bien étudier dans toutes les sciences, quand j'étais jeune.

MAÎTRE DE PHILOSOPHIE. Ce sentiment est raisonnable : *Nam sine doctrina vita est quasi mortis imago.* Vous entendez cela, et vous savez le latin sans doute ?

MONSIEUR JOURDAIN. Oui, mais faites comme si je ne le savais pas : expliquez-moi ce que cela veut dire.

MAÎTRE DE PHILOSOPHIE. Cela veut dire que *Sans la science, la vie est presque une image de la mort.*

MONSIEUR JOURDAIN. Ce latin-là a raison.

MAÎTRE DE PHILOSOPHIE. N'avez-vous point quelques principes, quelques commencements des sciences ?

MONSIEUR JOURDAIN. Oh ! oui, je sais lire et écrire.

MAÎTRE DE PHILOSOPHIE. Par où vous plaît-il que nous commencions ? Voulez-vous que je vous apprenne la logique ?

MONSIEUR JOURDAIN. Qu'est-ce que c'est que cette logique ?

MAÎTRE DE PHILOSOPHIE. C'est elle qui enseigne les trois opérations de l'esprit.

MONSIEUR JOURDAIN. Qui sont-elles, ces trois opérations de l'esprit ?

MAÎTRE DE PHILOSOPHIE. La première, la seconde et la troisième. La première est de bien concevoir par le moyen des universaux[1]. La seconde, de bien juger par le moyen des catégories[2] ; et la troisième de bien tirer une conséquence par le moyen des figures *Barbara, Celarent, Darii, Ferio, Baralipton*[3], etc.

MONSIEUR JOURDAIN. Voilà des mots qui sont trop

---

1. « Terme de Logique, qui se dit des termes généraux sous lesquels sont compris plusieurs espèces et individus. On en compte cinq : le genre, l'espèce, la différence, le propre et l'accident » (Furetière).   2. « Terme de Logique [...] C'est une division de tous les êtres selon qu'ils sont en la nature, et qu'on les conçoit dans son esprit, pour les ranger par ordre en diverses classes, et en avoir une connaissance moins confuse. Les anciens Philosophes ont la plupart établi dix catégories après Aristote, la substance, la quantité, la qualité, la relation, l'action, la passion, le temps, le lieu, la situation, l'habitude ou la disposition » (Furetière).   3. Ces mots désignent, dans la logique formelle, les différentes variétés de syllogismes.

rébarbatifs. Cette logique-là ne me revient point. Apprenons autre chose qui soit plus joli[1].

MAÎTRE DE PHILOSOPHIE. Voulez-vous apprendre la morale ?

MONSIEUR JOURDAIN. La morale ?

MAÎTRE DE PHILOSOPHIE. Oui.

MONSIEUR JOURDAIN. Qu'est-ce qu'elle dit cette morale ?

MAÎTRE DE PHILOSOPHIE. Elle traite de la félicité, enseigne aux hommes à modérer leurs passions, et...

MONSIEUR JOURDAIN. Non, laissons cela. Je suis bilieux[2] comme tous les diables ; et il n'y a morale qui tienne, je me veux mettre en colère tout mon soûl, quand il m'en prend envie.

MAÎTRE DE PHILOSOPHIE. Est-ce la physique que vous voulez apprendre ?

MONSIEUR JOURDAIN. Qu'est-ce qu'elle chante cette physique ?

MAÎTRE DE PHILOSOPHIE. La physique est celle qui explique les principes des choses naturelles et les propriétés du corps ; qui discourt de la nature des éléments, des métaux, des minéraux, des pierres, des plantes et des animaux, et nous enseigne les causes de tous les météores, l'arc-en-ciel, les feux volants[3], les comètes, les éclairs, le tonnerre, la foudre, la pluie, la neige, la grêle, les vents et les tourbillons[4].

MONSIEUR JOURDAIN. Il y a trop de tintamarre là-dedans, trop de brouillamini[5].

MAÎTRE DE PHILOSOPHIE. Que voulez-vous donc que je vous apprenne ?

---

1. Monsieur Jourdain refuse la logique formelle des scolastiques. Molière, qui a lu Descartes et qui connaît Gassendi, l'approuve certainement. (J.M.)   2. Voir Lexique, p. 156.   3. « On appelle feux volants », nous apprend Furetière, « des météores, de certains feux qui s'élèvent et se dissipent peu après, comme les ardents », autrement dit des feux follets. 4. Dans l'ensemble de la science des météores évoquée par le Maître de philosophie, les tourbillons ne font probablement pas allusion à la physique cartésienne. (J.M.)   5. Voir Lexique, p. 156.

MONSIEUR JOURDAIN. Apprenez-moi l'orthographe.

MAÎTRE DE PHILOSOPHIE. Très volontiers.

MONSIEUR JOURDAIN. Après vous m'apprendrez l'almanach, pour savoir quand il y a de la lune et quand il n'y en a point.

MAÎTRE DE PHILOSOPHIE. Soit. Pour bien suivre votre pensée et traiter cette matière en philosophe, il faut commencer selon l'ordre des choses, par une exacte connaissance de la nature des lettres, et de la différente manière de les prononcer toutes. Et là-dessus j'ai à vous dire que les lettres sont divisées en voyelles, ainsi dites voyelles parce qu'elles expriment les voix, et en consonnes, ainsi appelées consonnes parce qu'elles sonnent avec les voyelles, et ne font que marquer les diverses articulations des voix. Il y a cinq voyelles ou voix : A, E, I, O, U.

MONSIEUR JOURDAIN. J'entends tout cela.

MAÎTRE DE PHILOSOPHIE. La voix A se forme en ouvrant fort la bouche : A.

MONSIEUR JOURDAIN. A, A. Oui.

MAÎTRE DE PHILOSOPHIE. La voix E se forme en rapprochant la mâchoire d'en bas de celle d'en haut : A, E.

MONSIEUR JOURDAIN. A, E, A, E. Ma foi ! oui. Ah ! que cela est beau.

MAÎTRE DE PHILOSOPHIE. Et la voix I en rapprochant encore davantage les mâchoires l'une de l'autre, et écartant les deux coins de la bouche vers les oreilles : A, E, I.

MONSIEUR JOURDAIN. A, E, I, I, I, I. Cela est vrai. Vive la science !

MAÎTRE DE PHILOSOPHIE. La voix O se forme en rouvrant les mâchoires, et rapprochant les lèvres par les deux coins, le haut et le bas : O.

MONSIEUR JOURDAIN. O, O. Il n'y a rien de plus juste. A, E, I, O, I, O. Cela est admirable ! I, O, I, O.

MAÎTRE DE PHILOSOPHIE. L'ouverture de la bouche fait justement comme un petit rond qui représente un O.

MONSIEUR JOURDAIN. O, O, O. Vous avez raison. O.
Ah ! la belle chose que de savoir quelque chose !

MAÎTRE DE PHILOSOPHIE. La voix U se forme en rapprochant les dents sans les joindre entièrement, et
allongeant les deux lèvres en dehors, les approchant
aussi l'une de l'autre sans les joindre tout à fait :
U.

MONSIEUR JOURDAIN. U, U. Il n'y a rien de plus véritable : U.

MAÎTRE DE PHILOSOPHIE. Vos deux lèvres s'allongent
comme si vous faisiez la moue : d'où vient que si
vous la voulez faire à quelqu'un, et vous moquer de
lui, vous ne sauriez lui dire que : U.

MONSIEUR JOURDAIN. U, U. Cela est vrai. Ah ! que n'ai-
je étudié plus tôt, pour savoir tout cela ?

MAÎTRE DE PHILOSOPHIE. Demain, nous verrons les
autres lettres, qui sont les consonnes.

MONSIEUR JOURDAIN. Est-ce qu'il y a des choses aussi
curieuses qu'à celles-ci ?

MAÎTRE DE PHILOSOPHIE. Sans doute. La consonne D,
par exemple, se prononce en donnant du bout de
la langue au-dessus des dents d'en haut ! DA.

MONSIEUR JOURDAIN. DA, DA. Oui. Ah ! les belles choses ! les belles choses !

MAÎTRE DE PHILOSOPHIE. L'F en appuyant les dents d'en
haut sur la lèvre de dessous : FA.

MONSIEUR JOURDAIN. FA, FA. C'est la vérité. Ah ! mon
père et ma mère, que je vous veux de mal !

MAÎTRE DE PHILOSOPHIE. Et l'R, en portant le bout de la
langue jusqu'au haut du palais, de sorte qu'étant
frôlée par l'air qui sort avec force, elle lui cède, et
revient toujours au même endroit, faisant une
manière de tremblement : RRA.

MONSIEUR JOURDAIN. R, R, RA, R, R, R, R, R, RA. Cela est
vrai. Ah ! l'habile homme que vous êtes ! et que j'ai
perdu de temps ! R, R, R, RA.

MAÎTRE DE PHILOSOPHIE. Je vous expliquerai à fond
toutes ces curiosités.

MONSIEUR JOURDAIN. Je vous en prie. Au reste, il faut

que je vous fasse une confidence. Je suis amoureux d'une personne de grande qualité, et je souhaiterais que vous m'aidassiez à lui écrire quelque chose dans un petit billet que je veux laisser tomber à ses pieds.

MAÎTRE DE PHILOSOPHIE. Fort bien.

MONSIEUR JOURDAIN. Cela sera galant[1], oui ?

MAÎTRE DE PHILOSOPHIE. Sans doute. Sont-ce des vers que vous lui voulez écrire ?

MONSIEUR JOURDAIN. Non, non, point de vers.

MAÎTRE DE PHILOSOPHIE. Vous ne voulez que de la prose ?

MONSIEUR JOURDAIN. Non, je ne veux ni prose ni vers.

MAÎTRE DE PHILOSOPHIE. Il faut bien que ce soit l'un ou l'autre.

MONSIEUR JOURDAIN. Pourquoi ?

MAÎTRE DE PHILOSOPHIE. Par la raison, monsieur, qu'il n'y a pour s'exprimer que la prose ou les vers.

MONSIEUR JOURDAIN. Il n'y a que la prose ou les vers ?

MAÎTRE DE PHILOSOPHIE. Non[2], monsieur : tout ce qui n'est point prose est vers ; et tout ce qui n'est point vers est prose.

MONSIEUR JOURDAIN. Et comme l'on parle, qu'est-ce que c'est donc que cela ?

MAÎTRE DE PHILOSOPHIE. De la prose.

MONSIEUR JOURDAIN. Quoi ? quand je dis : « Nicole apportez-moi mes pantoufles et me donnez mon bonnet de nuit », c'est de la prose.

MAÎTRE DE PHILOSOPHIE. Oui, monsieur.

MONSIEUR JOURDAIN. Par ma foi ! il y a plus de quarante ans que je dis de la prose sans que j'en susse rien, et je vous suis le plus obligé du monde de m'avoir appris cela. Je voudrais donc lui mettre dans un billet : *Belle marquise, vos beaux yeux me font mourir d'amour* ; mais je voudrais que cela fût mis d'une manière galante, que cela fût tourné gentiment.

MAÎTRE DE PHILOSOPHIE. Mettez que les feux de ses yeux

---

1. Voir Lexique, p. 156.   2. Il n'y a rien d'autre, en effet. (J.M.)

réduisent votre cœur en cendres ; que vous souffrez nuit et jour pour elle les violences d'un...

MONSIEUR JOURDAIN. Non, non, non, je ne veux point tout cela ; je ne veux que ce que je vous ai dit : *Belle marquise, vos beaux yeux me font mourir d'amour.*

MAÎTRE DE PHILOSOPHIE. Il faut bien étendre un peu la chose.

MONSIEUR JOURDAIN. Non, vous dis-je, je ne veux que ces seules paroles-là dans le billet ; mais tournées à la mode, bien arrangées comme il faut. Je vous prie de me dire un peu, pour voir, les diverses manières dont on les peut mettre.

MAÎTRE DE PHILOSOPHIE. On peut les mettre première-ment comme vous avez dit : *Belle marquise, vos beaux yeux me font mourir d'amour.* Ou bien : *D'amour mourir me font, belle marquise, vos beaux yeux.* Ou bien : *Vos beaux yeux d'amour me font, belle marquise, mourir.* Ou bien : *Mourir vos beaux yeux, belle marquise, d'amour me font.* Ou bien : *Me font vos yeux beaux mourir, belle marquise, d'amour.*

MONSIEUR JOURDAIN. Mais de toutes ces façons-là, laquelle est la meilleure ?

MAÎTRE DE PHILOSOPHIE. Celle que vous avez dite : *Belle marquise, vos beaux yeux me font mourir d'amour.*

MONSIEUR JOURDAIN. Cependant je n'ai point étudié, et j'ai fait cela tout du premier coup. Je vous remercie de tout mon cœur, et vous prie de venir demain de bonne heure.

MAÎTRE DE PHILOSOPHIE. Je n'y manquerai pas.

MONSIEUR JOURDAIN, *à son laquais.* Comment ? mon habit n'est point encore arrivé ?

SECOND LAQUAIS. Non, monsieur.

MONSIEUR JOURDAIN. Ce maudit tailleur me fait bien attendre pour un jour où j'ai tant d'affaires. J'enrage. Que la fièvre quartaine[1] puisse serrer bien fort[2] le bourreau de tailleur ! Au diable le tailleur !

---

1. Ou fièvre quarte, dont les accès sont séparés par des intervalles de deux jours.   2. S'emparer de lui de sorte qu'il ne puisse plus s'en débarrasser.

La peste étouffe le tailleur ! Si je le tenais maintenant, ce tailleur détestable, ce chien de tailleur-là,
ce traître de tailleur, je...

Scène 5

MAÎTRE TAILLEUR, GARÇON TAILLEUR,
portant l'habit de Monsieur Jourdain,
MONSIEUR JOURDAIN, LAQUAIS

MONSIEUR JOURDAIN. Ah vous voilà ! je m'allais mettre
en colère contre vous.

MAÎTRE TAILLEUR. Je n'ai pas pu venir plus tôt, et j'ai
mis vingt garçons après votre habit.

MONSIEUR JOURDAIN. Vous m'avez envoyé des bas de
soie si étroits, que j'ai eu toutes les peines du
monde à les mettre, et il y a déjà deux mailles de
rompues.

MAÎTRE TAILLEUR. Ils ne s'élargiront que trop.

MONSIEUR JOURDAIN. Oui, si je romps toujours des
mailles. Vous m'avez aussi fait faire des souliers qui
me blessent furieusement.

MAÎTRE TAILLEUR. Point du tout, monsieur.

MONSIEUR JOURDAIN. Comment, point du tout ?

MAÎTRE TAILLEUR. Non, ils ne vous blessent point.

MONSIEUR JOURDAIN. Je vous dis qu'ils me blessent, moi.

MAÎTRE TAILLEUR. Vous vous imaginez cela.

MONSIEUR JOURDAIN. Je me l'imagine, parce que je le
sens. Voyez la belle raison !

MAÎTRE TAILLEUR. Tenez, voilà le plus bel habit de la
cour, et le mieux assorti. C'est un chef-d'œuvre que
d'avoir inventé un habit sérieux qui ne fût pas noir ;
et je le donne en six coups aux tailleurs les plus
éclairés.

MONSIEUR JOURDAIN. Qu'est-ce que c'est que ceci ?
Vous avez mis les fleurs en enbas [1].

---

1. La corolle des fleurs dirigée vers le bas. (J.M.)

MAÎTRE TAILLEUR. Vous ne m'aviez pas dit que vous les vouliez en enhaut.

MONSIEUR JOURDAIN. Est-ce qu'il faut dire cela ?

MAÎTRE TAILLEUR. Oui, vraiment. Toutes les personnes de qualité les portent de la sorte.

MONSIEUR JOURDAIN. Les personnes de qualité portent les fleurs en enbas ?

MAÎTRE TAILLEUR. Oui, monsieur.

MONSIEUR JOURDAIN. Oh ! voilà qui est donc bien.

MAÎTRE TAILLEUR. Si vous voulez, je les mettrai en enhaut.

MONSIEUR JOURDAIN. Non, non.

MAÎTRE TAILLEUR. Vous n'avez qu'à dire.

MONSIEUR JOURDAIN. Non, vous dis-je ; vous avez bien fait. Croyez-vous que l'habit m'aille bien ?

MAÎTRE TAILLEUR. Belle demande ! Je défie un peintre, avec son pinceau, de vous faire rien de plus juste. J'ai chez moi un garçon qui, pour monter une rhingrave, est le plus grand génie du monde ; et un autre qui, pour assembler un pourpoint, est le héros de notre temps.

MONSIEUR JOURDAIN. La perruque et les plumes sont-elles comme il faut ?

MAÎTRE TAILLEUR. Tout est bien.

MONSIEUR JOURDAIN, *en regardant l'habit du tailleur*. Ah ! ah ! monsieur le tailleur, voilà de mon étoffe du dernier habit que vous m'avez fait. Je la reconnais bien.

MAÎTRE TAILLEUR. C'est que l'étoffe me sembla si belle, que j'en ai voulu lever [1] un habit pour moi.

MONSIEUR JOURDAIN. Oui, mais il ne fallait pas le lever avec le mien.

MAÎTRE TAILLEUR. Voulez-vous mettre votre habit ?

MONSIEUR JOURDAIN. Oui, donnez-moi.

MAÎTRE TAILLEUR. Attendez. Cela ne va pas comme cela. J'ai amené des gens pour vous habiller en cadence, et ces sortes d'habits se mettent avec cérémonie. Holà ! entrez, vous autres. Mettez cet habit

---

1. Nous dirions plutôt : en prélever.

à monsieur, de la manière que vous faites aux personnes de qualité [1].

> *Quatre garçons tailleurs entrent, dont deux lui arrachent le haut-de-chausses de ses exercices, et deux autres la camisole [2], puis ils lui mettent son habit neuf ; et Monsieur Jourdain se promène entre eux, et leur montre son habit, pour voir s'il est bien. Le tout à la cadence de toute la symphonie [3].*

GARÇON TAILLEUR. Mon gentilhomme, donnez, s'il vous plaît, aux garçons quelque chose pour boire.

MONSIEUR JOURDAIN. Comment m'appelez-vous ?

GARÇON TAILLEUR. Mon gentilhomme.

MONSIEUR JOURDAIN. « Mon gentilhomme ! » Voilà ce que c'est de se mettre en personne de qualité. Allez-vous-en demeurer toujours habillé en bourgeois, on ne vous dira point : « Mon gentilhomme. » Tenez, voilà pour « Mon gentilhomme ».

GARÇON TAILLEUR. Monseigneur, nous vous sommes bien obligés.

MONSIEUR JOURDAIN. « Monseigneur », oh, oh ! « Monseigneur ! » Attendez, mon ami : « Monseigneur » mérite quelque chose et ce n'est pas une petite parole que « Monseigneur ». Tenez, voilà ce que Monseigneur vous donne.

GARÇON TAILLEUR. Monseigneur, nous allons boire tous à la santé de Votre Grandeur.

MONSIEUR JOURDAIN. « Votre Grandeur ! » Oh, oh, oh ! Attendez, ne vous en allez pas. À moi « Votre Grandeur ! » *(Bas, à part.)* Ma foi, s'il va jusqu'à l'Altesse [4], il aura toute la bourse. *(Haut.)* Tenez, voilà pour Ma Grandeur.

---

1. Justification fantaisiste du divertissement qui suit. (J.M.) Que vous mettez leurs habits aux personnes de qualité. 2. Le haut-de-chausses de Monsieur Jourdain était de panne rouge, et la camisole de panne bleue. (J.M.) 3. Voir Lexique, p. 158. 4. La gradation entre les titres s'arrête heureusement avant l'Altesse, qui ne peut désigner que les princes du sang. (J.M.)

GARÇON TAILLEUR. **Monseigneur, nous la remercions très humblement de ses libéralités.**

MONSIEUR JOURDAIN. **Il a bien fait : je lui allais tout donner.**

Les quatre garçons tailleurs se réjouissent par une danse, qui fait le second intermède.

Préville dans le rôle de M. Jourdain.

Lithographie de Mézière (1792).
Bibliothèque de la Comédie-Française. Photo Hachette.

ACTE III

Scène 1

MONSIEUR JOURDAIN. Suivez-moi, que j'aille un peu montrer mon habit par la ville ; et surtout ayez soin tous deux de marcher immédiatement sur mes pas, afin qu'on voie bien que vous êtes à moi[1].

LAQUAIS. Oui, monsieur.

MONSIEUR JOURDAIN. Appelez-moi Nicole, que je lui donne quelques ordres. Ne bougez, la voilà.

Scène 2

NICOLE, MONSIEUR JOURDAIN, LAQUAIS

MONSIEUR JOURDAIN. Nicole !

NICOLE. Plaît-il ?

MONSIEUR JOURDAIN. Écoutez.

NICOLE. Hi, hi, hi, hi, hi !

MONSIEUR JOURDAIN. Qu'as-tu à rire ?

NICOLE. Hi, hi, hi, hi, hi, hi !

MONSIEUR JOURDAIN. Que veut dire cette coquine-là ?

NICOLE. Hi, hi, hi. Comme vous voilà bâti ! Hi, hi, hi !

MONSIEUR JOURDAIN. Comment donc ?

NICOLE. Ah, ah ! mon Dieu ! Hi, hi, hi, hi, hi !

---

1. Que vous êtes à mon service.

Monsieur Jourdain. Quelle friponne est-ce là ! Te moques-tu de moi ?

Nicole. Nenni, monsieur, j'en serais bien fâchée. Hi, hi, hi, hi, hi, hi !

Monsieur Jourdain. Je te baillerai[1] sur le nez, si tu ris davantage.

Nicole. Monsieur, je ne puis pas m'en empêcher. Hi, hi, hi, hi, hi, hi !

Monsieur Jourdain. Tu ne t'arrêteras pas ?

Nicole. Monsieur, je vous demande pardon ; mais vous êtes si plaisant, que je ne saurais me tenir de rire. Hi, hi, hi !

Monsieur Jourdain. Mais voyez quelle insolence !

Nicole. Vous êtes tout à fait drôle comme cela. Hi, hi !

Monsieur Jourdain. Je te...

Nicole. Je vous prie de m'excuser. Hi, hi, hi, hi !

Monsieur Jourdain. Tiens, si tu ris encore le moins du monde, je te jure que je t'appliquerai sur la joue le plus grand soufflet qui se soit jamais donné.

Nicole. Hé bien, monsieur, voilà qui est fait, je ne rirai plus.

Monsieur Jourdain. Prends-y bien garde. Il faut que pour tantôt tu nettoies...

Nicole. Hi, hi !

Monsieur Jourdain. Que tu nettoies comme il faut...

Nicole. Hi, hi !

Monsieur Jourdain. Il faut, dis-je, que tu nettoies la salle, et...

Nicole. Hi, hi !

Monsieur Jourdain. Encore !

Nicole. Tenez, monsieur, battez-moi plutôt et me laissez rire tout mon soûl, cela me fera plus de bien. Hi, hi, hi, hi, hi !

Monsieur Jourdain. J'enrage.

Nicole. De grâce, monsieur, je vous prie de me laisser rire. Hi, hi, hi !

---

1. Sous-entendu : un coup ; je te frapperai. (J.M.)

MONSIEUR JOURDAIN. Si je te prends...

NICOLE. Monsieur, eur, je crèverai, ai, si je ne ris. Hi, hi, hi !

MONSIEUR JOURDAIN. Mais a-t-on jamais vu une pendarde[1] comme celle-là ? qui me vient rire insolemment au nez, au lieu de recevoir mes ordres ?

NICOLE. Que voulez-vous que je fasse, monsieur ?

MONSIEUR JOURDAIN. Que tu songes, coquine, à préparer ma maison pour la compagnie[2] qui doit venir tantôt.

NICOLE. Ah, par ma foi ! je n'ai plus envie de rire ; et toutes vos compagnies font tant de désordre céans, que ce mot est assez pour me mettre en mauvaise humeur.

MONSIEUR JOURDAIN. Ne dois-je point pour toi fermer ma porte à tout le monde ?

NICOLE. Vous devriez au moins la fermer à certaines gens.

Scène 3

MADAME JOURDAIN, MONSIEUR JOURDAIN, NICOLE, LAQUAIS

MADAME JOURDAIN. Ah ! ah ! voici une nouvelle histoire. Qu'est-ce que c'est donc, mon mari, que cet équipage-là ? Vous moquez-vous du monde, de vous être fait enharnacher[3] de la sorte ? et avez-vous envie qu'on se raille partout de vous ?

---

1. *Pendard* : fripon qui mérite la potence.   2. « Gens qui sont ensemble pour se réjouir » (Richelet). Il s'agit de Dorimène et de Dorante. Mais quand Nicole reprend le mot, elle songe surtout aux Maîtres de musique, de danse et d'armes qui mettent en désordre toute la maison.   3. Au propre, le verbe « enharnacher » signifie « mettre le harnais à un cheval » (Richelet) mais, au figuré et dans le style le plus simple, il prend le sens de « vêtir, habiller » (Richelet cite cette phrase du *Bourgeois gentilhomme* comme exemple). À la ligne précédente, *équipage* : voir Lexique, p. 156.

MONSIEUR JOURDAIN. Il n'y a que des sots et des sottes, ma femme, qui se railleront de moi.

MADAME JOURDAIN. Vraiment on n'a pas attendu jusqu'à cette heure, et il y a longtemps que vos façons de faire donnent à rire à tout le monde.

MONSIEUR JOURDAIN. Qui est donc tout ce monde-là, s'il vous plaît ?

MADAME JOURDAIN. Tout ce monde-là est un monde qui a raison, et qui est plus sage que vous. Pour moi, je suis scandalisée de la vie que vous menez. Je ne sais plus ce que c'est que notre maison : on dirait qu'il est céans carême-prenant[1] tous les jours ; et dès le matin, de peur d'y manquer, on y entend des vacarmes de violons et de chanteurs, dont tout le voisinage se trouve incommodé.

NICOLE. Madame parle bien. Je ne saurais plus voir mon ménage propre, avec cet attirail[2] de gens que vous faites venir chez vous. Ils ont des pieds qui vont chercher de la boue dans tous les quartiers de la ville, pour l'apporter ici ; et la pauvre Françoise est presque sur les dents, à frotter les planchers que vos biaux[3] maîtres viennent crotter[4] régulièrement tous les jours.

MONSIEUR JOURDAIN. Ouais, notre servante Nicole, vous avez le caquet bien affilé[5] pour une paysanne.

MADAME JOURDAIN. Nicole a raison et son sens est meilleur que le vôtre[6]. Je voudrais bien savoir ce que vous pensez faire d'un maître à danser à l'âge que vous avez.

---

1. Le carnaval avant le mercredi des Cendres où commence le carême. Donc : on dirait tous les jours ici que c'est Mardi gras. Voir Lexique, p. 156.   2. Le mot ne s'applique, proprement, qu'à des objets, non à des personnes, mais il comporte une idée d'encombrement et d'inutilité qui ne convient pas mal à tous les parasites dont la maison de Monsieur Jourdain est envahie.   3. Déformation rustique de « beaux » (de même, un peu plus bas, « carriaux » pour « carreaux »). Par cette prononciation propre aux gens de la campagne, Nicole provoque la riposte de son maître, qui la traite de « paysanne », avec le dédain d'un « bourgeois » qui se veut gentilhomme. Pour *bourgeois*, voir Lexique, p. 156.   4. Couvrir de boue. (J.M.)   5. Langue bien affilée, c'est-à-dire aiguisée. (J.M.) *Ouais* : voir Lexique, p. 158.   6. Elle a plus de bon sens que vous.

NICOLE. Et d'un grand maître tireur d'armes, qui vient, avec ses battements de pied, ébranler toute la maison, et nous déraciner tous les carriaux de notre salle ?

MONSIEUR JOURDAIN. Taisez-vous, ma servante, et ma femme.

MADAME JOURDAIN. Est-ce que vous voulez apprendre à danser pour quand vous n'aurez plus de jambes ?

NICOLE. Est-ce que vous avez envie de tuer quelqu'un ?

MONSIEUR JOURDAIN. Taisez-vous, vous dis-je : vous êtes des ignorantes l'une et l'autre, et vous ne savez pas les prérogatives [1] de tout cela.

MADAME JOURDAIN. Vous devriez plutôt songer à marier votre fille, qui est en âge d'être pourvue [2].

MONSIEUR JOURDAIN. Je songerai à marier ma fille quand il se présentera un parti pour elle, mais je veux songer aussi à apprendre les belles choses.

NICOLE. J'ai encore ouï dire, madame, qu'il a pris aujourd'hui, pour renfort de potage [3], un maître de philosophie.

MONSIEUR JOURDAIN. Fort bien : je veux avoir de l'esprit, et savoir raisonner des choses parmi les honnêtes gens.

MADAME JOURDAIN. N'irez-vous point l'un de ces jours au collège vous faire donner le fouet à votre âge ?

MONSIEUR JOURDAIN. Pourquoi non ? Plût à Dieu l'avoir tout à l'heure, le fouet, devant tout le monde, et savoir ce qu'on apprend au collège !

NICOLE. Oui, ma foi ! cela vous rendrait la jambe bien mieux faite.

---

1. Monsieur Jourdain emploie au sens d'« avantages procurés » un mot qui signifie en réalité « avantages obtenus ». (J.M.)   2. Pourvue d'un mari.
3. « Pour aggravation », se borne à gloser Littré. Mais Furetière, à l'article « renfort », observait qu'on se sert, entre autres emplois, de ce mot « en cette phrase : Nous n'avons pas assez à dîner pour ces survenants, il faut du renfort. Le peuple dit aussi des écornifleurs, que c'est du renfort de potage ». Cette dernière phrase éclaire ce que veut dire Nicole dans son langage plaisamment imagé.

MONSIEUR JOURDAIN. Sans doute.

MADAME JOURDAIN. Tout cela est fort nécessaire pour conduire votre maison.

MONSIEUR JOURDAIN. Assurément. Vous parlez toutes deux comme des bêtes, et j'ai honte de votre ignorance. *(À Mme Jourdain.)* Par exemple savez-vous, vous, ce que c'est que vous dites à cette heure ?

MADAME JOURDAIN. Oui, je sais que ce que je dis est fort bien dit, et que vous devriez songer à vivre d'autre sorte.

MONSIEUR JOURDAIN. Je ne parle pas de cela. Je vous demande ce que c'est que les paroles que vous dites ici ?

MADAME JOURDAIN. Ce sont des paroles bien sensées, et votre conduite ne l'est guère.

MONSIEUR JOURDAIN. Je ne parle pas de cela, vous dis-je. Je vous demande : ce que je parle avec vous, ce que je vous dis à cette heure, qu'est-ce que c'est ?

MADAME JOURDAIN. Des chansons [1].

MONSIEUR JOURDAIN. Hé non ! ce n'est pas cela. Ce que nous disons tous deux, le langage que nous parlons à cette heure ?

MADAME JOURDAIN. Hé bien ?

MONSIEUR JOURDAIN. Comment est-ce que cela s'appelle ?

MADAME JOURDAIN. Cela s'appelle comme on veut l'appeler.

MONSIEUR JOURDAIN. C'est de la prose, ignorante.

MADAME JOURDAIN. De la prose ?

MONSIEUR JOURDAIN. Oui, de la prose. Tout ce qui est prose n'est point vers ; et tout ce qui n'est point vers n'est point prose. Heu, voilà ce que c'est d'étudier. *(À Nicole.)* Et toi, sais-tu bien comme il faut faire pour dire un U ?

NICOLE. Comment ?

MONSIEUR JOURDAIN. Oui. Qu'est-ce que tu fais quand tu dis un U ?

---

1. « Chanson se dit aussi de toutes sortes de vains propos » (Furetière).

NICOLE. Quoi ?

MONSIEUR JOURDAIN. Dis un peu U, pour voir ?

NICOLE. Hé bien, U.

MONSIEUR JOURDAIN. Qu'est-ce que tu fais ?

NICOLE. Je dis U.

MONSIEUR JOURDAIN. Oui, mais quand tu dis U, qu'est-ce que tu fais ?

NICOLE. Je fais ce que vous me dites.

MONSIEUR JOURDAIN. Ô l'étrange chose que d'avoir affaire à des bêtes ! Tu allonges les lèvres en dehors et approches la mâchoire d'en haut de celle d'en bas : .U, vois-tu ? U. Je fais la moue : U.

NICOLE. Oui, cela est biau.

MADAME JOURDAIN. Voilà qui est admirable.

MONSIEUR JOURDAIN. C'est bien autre chose, si vous aviez vu O, et DA, DA, et FA, FA.

MADAME JOURDAIN. Qu'est-ce que c'est donc que tout ce galimatias-là ?

NICOLE. De quoi est-ce que tout cela guérit ?

MONSIEUR JOURDAIN. J'enrage quand je vois des femmes ignorantes.

MADAME JOURDAIN. Allez, vous devriez envoyer promener tous ces gens-là, avec leurs fariboles.

NICOLE. Et surtout ce grand escogriffe de Maître d'armes, qui remplit de poudre [1] tout mon ménage.

MONSIEUR JOURDAIN. Ouais, ce Maître d'armes vous tient fort au cœur. Je te [2] veux faire voir ton impertinence tout à l'heure. *(Il fait apporter les fleurets et en donne un à Nicole.)* Tiens. Raison démonstrative, la ligne du corps. Quand on pousse en quarte, on n'a qu'à faire cela, et quand on pousse en tierce, on n'a qu'à faire cela. Voilà le moyen de n'être jamais tué ; et cela n'est-il pas beau d'être assuré de son fait, quand on se bat contre quelqu'un ? Là, pousse-moi un peu pour voir.

---

1. De poussière. « Ménage : meubles, vaisselle et batterie de cuisine » (Richelet).   2. Antéposition du pronom personnel complément de « faire voir » analogue, devant « vouloir », à celle que signalait, pour « aller », la note 1 de la page 24. Nous dirions plutôt : je veux te faire voir.

NICOLE. Hé bien, quoi ?

Nicole lui pousse plusieurs coups.

MONSIEUR JOURDAIN. Tout beau, holà, oh ! doucement. Diantre soit la coquine.

NICOLE. Vous me dites de pousser.

MONSIEUR JOURDAIN. Oui ; mais tu pousses en tierce, avant que de pousser en quarte, et tu n'as pas la patience que je pare.

MADAME JOURDAIN. Vous êtes fou, mon mari, avec toutes vos fantaisies, et cela vous est venu depuis que vous vous mêlez de hanter la noblesse.

MONSIEUR JOURDAIN. Lorsque je hante la noblesse, je fais paraître mon jugement, et cela est plus beau que de hanter votre bourgeoisie.

MADAME JOURDAIN. Çamon[1] vraiment ! il y a fort à gagner à fréquenter vos nobles, et vous avez bien opéré avec ce beau monsieur le comte dont vous vous êtes embéguiné[2].

MONSIEUR JOURDAIN. Paix ! Songez à ce que vous dites. Savez-vous bien, ma femme, que vous ne savez pas de qui vous parlez, quand vous parlez de lui ? C'est une personne d'importance plus que vous ne pensez, un seigneur que l'on considère à la cour, et qui parle au Roi tout comme je vous parle. N'est-ce pas une chose qui m'est tout à fait honorable, que l'on voie venir chez moi si souvent une personne de cette qualité[3], qui m'appelle son cher ami, et me traite comme si j'étais son égal ? Il a pour moi des bontés qu'on ne devinerait jamais ; et, devant tout le monde, il me fait des caresses dont je suis moi-même confus.

MADAME JOURDAIN. Oui, il a des bontés pour vous, et vous fait des caresses, mais il vous emprunte votre argent.

---

1. Interjection d'origine populaire qui renforce l'adverbe *vraiment* (J.M.). 2. « Coiffé », au sens, aujourd'hui sorti de l'usage de : engoué, entiché. 3. De si haute noblesse.

MONSIEUR JOURDAIN. Hé bien ! ne m'est-ce pas de l'honneur de prêter de l'argent à un homme de cette condition-là ? et puis-je faire moins pour un seigneur qui m'appelle son cher ami ?

MADAME JOURDAIN. Et ce seigneur, que fait-il pour vous ?

MONSIEUR JOURDAIN. Des choses dont on serait étonné, si on les savait.

MADAME JOURDAIN. Et quoi ?

MONSIEUR JOURDAIN. Baste [1], je ne puis pas m'expliquer. Il suffit que, si je lui ai prêté de l'argent, il me le rendra bien, et avant qu'il soit peu.

MADAME JOURDAIN. Oui, attendez-vous à cela.

MONSIEUR JOURDAIN. Assurément : ne me l'a-t-il pas dit ?

MADAME JOURDAIN. Oui, oui : il ne manquera pas d'y faillir [2].

MONSIEUR JOURDAIN. Il m'a juré sa foi de gentilhomme.

MADAME JOURDAIN. Chansons.

MONSIEUR JOURDAIN. Ouais, vous êtes bien obstinée, ma femme. Je vous dis qu'il tiendra parole, j'en suis sûr.

MADAME JOURDAIN. Et moi, je suis sûre que non, et que toutes les caresses qu'il vous fait ne sont que pour vous enjôler.

MONSIEUR JOURDAIN. Taisez-vous : le voici.

MADAME JOURDAIN. Il ne nous faut plus que cela. Il vient peut-être encore vous faire quelque emprunt ; et il me semble que j'ai dîné quand je le vois [3].

MONSIEUR JOURDAIN. Taisez-vous, vous dis-je.

---

1. Voir Lexique, p. 156.   2. D'y manquer. (J.M.)   3. La seule vue de Dorante coupe l'appétit à Madame Jourdain.

Scène 4

DORANTE, MONSIEUR JOURDAIN,
MADAME JOURDAIN, NICOLE

DORANTE. Mon cher ami, monsieur Jourdain, comment vous portez-vous ?

MONSIEUR JOURDAIN. Fort bien, monsieur, pour vous rendre mes petits services.

DORANTE. Et madame Jourdain que voilà, comment se porte-t-elle ?

MADAME JOURDAIN. Madame Jourdain se porte comme elle peut.

DORANTE. Comment, monsieur Jourdain ? vous voilà le plus propre [1] du monde !

MONSIEUR JOURDAIN. Vous voyez.

DORANTE. Vous avez tout à fait bon air [2] avec cet habit, et nous n'avons point de jeunes gens à la cour qui soient mieux faits que vous.

MONSIEUR JOURDAIN. Hay, hay.

MADAME JOURDAIN, *à part*. Il le gratte par où il se démange.

DORANTE. Tournez-vous. Cela est tout à fait galant.

MADAME JOURDAIN, *à part*. Oui, aussi sot par-derrière que par-devant.

DORANTE. Ma foi ! monsieur Jourdain, j'avais une impatience étrange de vous voir. Vous êtes l'homme du monde que j'estime le plus, et je parlais de vous encore ce matin dans la chambre du Roi.

MONSIEUR JOURDAIN. Vous me faites beaucoup d'honneur, Monsieur. *(À Mme Jourdain.)* Dans la chambre du Roi !

DORANTE. Allons, mettez...

MONSIEUR JOURDAIN. Monsieur, je sais le respect que je vous dois.

---

1. Élégant. (J.M.)   2. « Bonne grâce [...] agréable manière [...] de s'habiller » (Furetière). Plus bas, « mieux fait » : nous dirions plutôt mieux mis.

DORANTE. Mon Dieu ! mettez[1] : point de cérémonie entre nous, je vous prie.

MONSIEUR JOURDAIN. Monsieur...

DORANTE. Mettez, vous dis-je, monsieur Jourdain : vous êtes mon ami.

MONSIEUR JOURDAIN. Monsieur, je suis votre serviteur.

DORANTE. Je ne me couvrirai point, si vous ne vous couvrez.

MONSIEUR JOURDAIN, *se couvrant*. J'aime mieux être incivil qu'importun.

DORANTE. Je suis votre débiteur, comme vous le savez.

MADAME JOURDAIN, *à part*. Oui, nous ne le savons que trop.

DORANTE. Vous m'avez généreusement prêté de l'argent en plusieurs occasions, et vous m'avez obligé de la meilleure grâce du monde, assurément.

MONSIEUR JOURDAIN. Monsieur, vous vous moquez.

DORANTE. Mais je sais rendre ce qu'on me prête, et reconnaître les plaisirs qu'on me fait.

MONSIEUR JOURDAIN. Je n'en doute point, monsieur.

DORANTE. Je veux sortir d'affaire avec vous[2], et je viens ici pour faire nos comptes ensemble.

MONSIEUR JOURDAIN, *bas, à Mme Jourdain*. Hé bien ! vous voyez votre impertinence, ma femme.

DORANTE. Je suis homme qui aime à m'acquitter le plus tôt que je puis.

MONSIEUR JOURDAIN, *bas, à Mme Jourdain*. Je vous le disais bien.

DORANTE. Voyons un peu ce que je vous dois.

MONSIEUR JOURDAIN, *bas, à Mme Jourdain*. Vous voilà, avec vos soupçons ridicules.

---

1. Sous-entendu : votre chapeau. Nous dirions : couvrez-vous. On dit aussi « mettez dessus » quand, ainsi que c'est ici le cas, « un supérieur donne permission à un inférieur de se couvrir devant lui » (Furetière).   2. Me mettre d'accord avec vous sur le total de ce que je vous dois, mais non, comme le croit naïvement Monsieur Jourdain, lui verser d'un coup la somme : Dorante berne son naïf créancier avec la même désinvolture que Dom Juan se jouait de Monsieur Dimanche, son tailleur.

DORANTE. Vous souvenez-vous bien de tout l'argent que vous m'avez prêté ?

MONSIEUR JOURDAIN. Je crois que oui. J'en ai fait un petit mémoire. Le voici. Donné à vous une fois deux cents louis.

DORANTE. Cela est vrai.

MONSIEUR JOURDAIN. Une autre fois six-vingts [1].

DORANTE. Oui.

MONSIEUR JOURDAIN. Et une autre fois cent quarante.

DORANTE. Vous avez raison.

MONSIEUR JOURDAIN. Ces trois articles font quatre cent soixante louis, qui valent cinq mille soixante livres.

DORANTE. Le compte est fort bon [2]. Cinq mille soixante livres.

MONSIEUR JOURDAIN. Mille huit cent trente-deux livres à votre plumassier.

DORANTE. Justement.

MONSIEUR JOURDAIN. Deux mille sept cent quatre-vingts livres à votre tailleur.

DORANTE. Il est vrai.

MONSIEUR JOURDAIN. Quatre mille trois cent septante-neuf livres douze sols huit deniers à votre marchand [3].

DORANTE. Fort bien. Douze sols huit deniers : le compte est juste.

MONSIEUR JOURDAIN. Et mille sept cent quarante-huit livres sept sols quatre deniers à votre sellier.

DORANTE. Tout cela est véritable. Qu'est-ce que cela fait ?

MONSIEUR JOURDAIN. Somme totale, quinze mille huit livres.

DORANTE. Somme totale est juste : quinze mille huit livres. Mettez encore deux cents pistoles que m'allez donner, cela fera justement dix-huit francs [4], que je vous paierai au premier jour.

---

s vingt, donc cent vingt.   2. Au sens de : c'est exact. exique, p. 158.   4. Dorante a reçu 460 louis, c'est-à-dire s plus, destinées aux divers fournisseurs, 10 470 livres ; compte it qu'il y a 20 sols dans la livre ou le franc, et 12 deniers dans le ne emprunt de Dorante, 200 pistoles, soit 2 200 francs, permet laisamment à un compte « rond ». (J.M.)

MADAME JOURDAIN, *bas, à M. Jourdain.* Eh bien ! ne l'avais-je pas bien deviné ?

MONSIEUR JOURDAIN, *bas, à Mme Jourdain.* Paix !

DORANTE. Cela vous incommodera-t-il de me donner ce que je vous dis ?

MONSIEUR JOURDAIN. Eh non !

MADAME JOURDAIN, *bas, à M. Jourdain.* Cet homme-là fait de vous une vache à lait.

MONSIEUR JOURDAIN, *bas, à Mme Jourdain.* Taisez-vous.

DORANTE. Si cela vous incommode, j'en irai chercher ailleurs.

MONSIEUR JOURDAIN. Non, monsieur.

MADAME JOURDAIN, *bas, à M. Jourdain.* Il ne sera pas content, qu'il ne vous ait ruiné.

MONSIEUR JOURDAIN, *bas, à Mme Jourdain.* Taisez-vous, vous dis-je.

DORANTE. Vous n'avez qu'à me dire si cela vous embarrasse.

MONSIEUR JOURDAIN. Point, monsieur.

MADAME JOURDAIN, *bas, à M. Jourdain.* C'est un vrai enjôleux[1].

MONSIEUR JOURDAIN, *bas, à Mme Jourdain.* Taisez-vous donc.

MADAME JOURDAIN, *bas, à M. Jourdain.* Il vous sucera jusqu'au dernier sou.

MONSIEUR JOURDAIN, *bas, à Mme Jourdain.* Vous tairez-vous ?

DORANTE. J'ai force gens qui m'en prêteraient avec joie ; mais comme vous êtes mon meilleur ami, j'ai cru que je vous ferais tort si j'en demandais à quelque autre.

---

1. La phrase est citée par Richelet à l'article « enjôleur, enjôleux ». Il admet sans marquer de préférence la concurrence entre les deux formes du mot, mais Furetière ne connaît que « enjôleur », qu'il écrit « engeolleur ». « Enjôleux » représente moins un doublet à proprement parler de : « enjôleur », qu'une graphie reflétant la prononciation familière et populaire du mot. Il en va de même pour un mot, par exemple, tel que « piqueur », dans le domaine de la chasse, où le terme, bien qu'il s'écrive ainsi, continue traditionnellement à se prononcer comme s'il s'orthographiait « piqueux ».

MONSIEUR JOURDAIN. C'est trop d'honneur, monsieur, que vous me faites. Je vais quérir votre affaire[1].

MADAME JOURDAIN, *bas, à M. Jourdain*. Quoi ? vous allez encore lui donner cela ?

MONSIEUR JOURDAIN, *bas, à Mme Jourdain*. Que faire ? Voulez-vous que je refuse un homme de cette condition-là, qui a parlé de moi ce matin dans la chambre du Roi ?

MADAME JOURDAIN, *bas, à M. Jourdain*. Allez, vous êtes une vraie dupe.

Scène 5

DORANTE, MADAME JOURDAIN, NICOLE

DORANTE. Vous me semblez toute mélancolique : qu'avez-vous, madame Jourdain ?

MADAME JOURDAIN. J'ai la tête plus grosse que le poing[2] et si[3] elle n'est pas enflée.

DORANTE. Mademoiselle votre fille, où est-elle, que je ne la vois point ?

MADAME JOURDAIN. Mademoiselle ma fille est bien où elle est.

DORANTE. Comment se porte-t-elle ?

MADAME JOURDAIN. Elle se porte sur ses deux jambes.

DORANTE. Ne voulez-vous point, un de ces jours, venir voir, avec elle, le ballet et la comédie que l'on fait chez le Roi[4] ?

MADAME JOURDAIN. Oui, vraiment, nous avons fort envie de rire, fort envie de rire nous avons.

DORANTE. Je pense, madame Jourdain, que vous avez eu bien des amants dans votre jeune âge, belle et d'agréable humeur comme vous étiez.

MADAME JOURDAIN. Tredame[5], monsieur, est-ce que

1. Chercher la somme dont vous avez besoin.   2. Voir Lexique, « Tête », p. 158.   3. Et pourtant.   4. Ce ballet et cette comédie, c'est précisément la comédie-ballet du *Bourgeois gentilhomme* (J.M.).   5. Voir Lexique, p. 158.

madame Jourdain est décrépite, et la tête lui grouille ¹-t-elle déjà ?

DORANTE. Ah ! ma foi ! madame Jourdain, je vous
demande pardon. Je ne songeais pas que vous êtes
jeune, et je rêve ² le plus souvent. Je vous prie d'excuser mon impertinence.

Scène 6

MONSIEUR JOURDAIN, MADAME JOURDAIN, DORANTE, NICOLE

MONSIEUR JOURDAIN. Voilà deux cents louis bien comptés.

DORANTE. Je vous assure, monsieur Jourdain, que je
suis tout à vous, et que je brûle de vous rendre un
service à la cour.

MONSIEUR JOURDAIN. Je vous suis trop obligé.

DORANTE. Si madame Jourdain veut voir le divertissement royal, je lui ferai donner les meilleures places
de la salle ³.

MADAME JOURDAIN. Madame Jourdain vous baise les
mains.

DORANTE, *bas, à M. Jourdain*. Notre belle marquise,
comme je vous ai mandé par mon billet, viendra
tantôt ici pour le ballet et le repas, et je l'ai fait
consentir enfin au cadeau ⁴ que vous lui voulez
donner.

MONSIEUR JOURDAIN. Tirons-nous ⁵ un peu plus loin,
pour cause ⁶.

DORANTE. Il y a huit jours que je ne vous ai vu, et je ne
vous ai point mandé de nouvelles du diamant que
vous me mîtes entre les mains pour lui en faire pré-

---

1. Voir Lexique, p. 157.   2. Voir Lexique, p. 158.   3. *Le Bourgeois
gentilhomme* constitue d'après son titre un « divertissement du Roi » ; dans
la fiction de la comédie, Dorante ne peut faire allusion au Ballet des
Nations auquel Madame Jourdain ne devrait pas assister. (J.M.)
4. Voir Lexique, p. 156.   5. Nous dirions : retirons-nous.   6. Pour
cause : on risque en effet d'entendre ce que nous disons.

sent de votre part ; mais c'est que j'ai eu toutes les
peines du monde à vaincre son scrupule, et ce n'est
que d'aujourd'hui qu'elle s'est résolue à l'accepter.

MONSIEUR JOURDAIN. Comment l'a-t-elle trouvé ?

DORANTE. Merveilleux ; et je me trompe fort, ou la
beauté de ce diamant fera pour vous sur son esprit
un effet admirable.

MONSIEUR JOURDAIN. Plût au Ciel !

MADAME JOURDAIN, *à Nicole.* Quand il est une fois avec
lui, il ne peut le quitter.

DORANTE. Je lui ai fait valoir comme il faut la richesse
de ce présent et la grandeur de votre amour.

MONSIEUR JOURDAIN. Ce sont, monsieur, des bontés qui
m'accablent ; et je suis dans une confusion la plus
grande du monde, de voir une personne de votre
qualité s'abaisser pour moi à ce que vous faites.

DORANTE. Vous moquez-vous ? est-ce qu'entre amis
on s'arrête à ces sortes de scrupules ? et ne feriez-
vous pas pour moi la même chose, si l'occasion s'en
offrait ?

MONSIEUR JOURDAIN. Ho ! assurément, et de très grand
cœur.

MADAME JOURDAIN, *à Nicole.* Que sa présence me pèse
sur les épaules !

DORANTE. Pour moi, je ne regarde rien [1], quand il faut
servir un ami ; et lorsque vous me fîtes confidence
de l'ardeur que vous aviez prise pour cette marquise agréable chez qui j'avais commerce [2], vous
vîtes que d'abord je m'offris de moi-même à servir
votre amour.

MONSIEUR JOURDAIN. Il est vrai, ce sont des bontés qui
me confondent.

MADAME JOURDAIN, *à Nicole.* Est-ce qu'il ne s'en ira
point ?

---

1. Je ne suis arrêté par aucune considération.   2. Ce mot désigne toutes
sortes de relations, mais il peut désigner particulièrement les relations
amoureuses qui unissent Dorante et Dorimène ; le double sens est sans
doute dans l'esprit de Dorante, mais ne peut être saisi que par le spectateur.
(J.M.)

NICOLE. **Ils se trouvent bien ensemble.**

DORANTE. **Vous avez pris le bon biais pour toucher son cœur : les femmes aiment surtout les dépenses qu'on fait pour elles ; et vos fréquentes sérénades, et vos bouquets continuels, ce superbe feu d'artifice qu'elle trouva sur l'eau, le diamant qu'elle a reçu de votre part, et le cadeau que vous lui préparez, tout cela lui parle bien mieux en faveur de votre amour que toutes les paroles que vous auriez pu lui dire vous-même.**

MONSIEUR JOURDAIN. **Il n'y a point de dépenses que je ne fisse, si par là je pouvais trouver le chemin de son cœur. Une femme de qualité a pour moi des charmes ravissants, et c'est un honneur[1] que j'achèterais au prix de toute chose[2].**

MADAME JOURDAIN, *à Nicole.* **Que peuvent-ils tant dire ensemble ? Va-t'en un peu tout doucement prêter l'oreille.**

DORANTE. **Ce sera tantôt que vous jouirez à votre aise du plaisir de sa vue, et vos yeux auront tout le temps de se satisfaire.**

MONSIEUR JOURDAIN. **Pour être en pleine liberté, j'ai fait en sorte que ma femme ira dîner chez ma sœur, où elle passera toute l'après-dînée[3].**

DORANTE. **Vous avez fait prudemment, et votre femme aurait pu nous embarrasser. J'ai donné pour vous l'ordre qu'il faut au cuisinier, et à toutes les choses qui sont nécessaires pour le ballet[4]. Il est de mon invention ; et pourvu que l'exécution puisse répondre à l'idée, je suis sûr qu'il sera trouvé...**

MONSIEUR JOURDAIN *s'aperçoit que Nicole écoute, et lui donne un soufflet.* **Ouais, vous êtes bien impertinente. Sortons, s'il vous plaît.**

---

1. De se mettre en frais pour une marquise telle que Dorimène.
2. Plus précieux pour moi que tout.   3. L'après-midi.   4. J'ai dit, en votre nom, comment le cuisinier devait ordonner le repas, et tout ce qu'il fallait faire pour le ballet.

Scène 7

MADAME JOURDAIN, NICOLE

NICOLE. Ma foi! madame, la curiosité m'a coûté quelque chose; mais je crois qu'il y a quelque anguille sous roche[1], et ils parlent de quelque affaire où ils ne veulent pas que vous soyez.

MADAME JOURDAIN. Ce n'est pas d'aujourd'hui, Nicole, que j'ai conçu des soupçons de mon mari. Je suis la plus trompée du monde, ou il y a quelque amour en campagne, et je travaille à découvrir ce que ce peut être. Mais songeons à ma fille. Tu sais l'amour que Cléonte a pour elle. C'est un homme qui me revient, et je veux aider sa recherche, et lui donner Lucile, si je puis.

NICOLE. En vérité, madame, je suis la plus ravie du monde de vous voir dans ces sentiments; car, si le maître vous revient, le valet ne me revient pas moins, et je souhaiterais que notre mariage se pût faire à l'ombre du leur.

MADAME JOURDAIN. Va-t'en lui parler de ma part, et lui dire que tout à l'heure il me vienne trouver, pour faire ensemble à mon mari la demande de ma fille.

NICOLE. J'y cours, madame, avec joie, et je ne pouvais recevoir une commission plus agréable. Je vais, je pense, bien réjouir les gens.

Scène 8

CLÉONTE, COVIELLE, NICOLE

NICOLE. Ah! vous voilà tout à propos. Je suis une ambassadrice de joie, et je viens...

CLÉONTE. Retire-toi, perfide, et ne me viens point amuser avec tes traîtresses paroles.

---

1. « Il y a anguille sous roche, pour dire : il y a quelque mystère caché [...] » (Furetière).

NICOLE. Est-ce ainsi que vous recevez ?...

CLÉONTE. Retire-toi, te dis-je, et va-t'en dire de ce pas à ton infidèle maîtresse qu'elle n'abusera de sa vie le trop simple Cléonte.

NICOLE. Quel vertigo [1] est-ce donc là ? Mon pauvre Covielle, dis-moi un peu ce que cela veut dire.

COVIELLE. Ton pauvre Covielle, petite scélérate ! Allons vite, ôte-toi de mes yeux, vilaine [2], et me laisse en repos.

NICOLE. Quoi ? tu me viens aussi...

COVIELLE. Ôte-toi de mes yeux, te dis-je, et ne me parle de ta vie.

NICOLE. Ouais ! Quelle mouche les a piqués tous deux ? Allons de cette belle histoire informer ma maîtresse.

Scène 9

CLÉONTE, COVIELLE

CLÉONTE. Quoi ? traiter un amant de la sorte, et un amant le plus fidèle et le plus passionné de tous les amants ?

COVIELLE. C'est une chose épouvantable, que ce qu'on nous fait à tous deux.

CLÉONTE. Je fais voir pour une personne toute l'ardeur et toute la tendresse qu'on peut imaginer ; je n'aime rien au monde qu'elle, et je n'ai qu'elle dans l'esprit ; elle fait tous mes soins, tous mes désirs, toute ma joie ; je ne parle que d'elle, je ne pense qu'à elle, je ne fais des songes que d'elle, je ne respire que par elle, mon cœur vit tout en elle : et voilà de tant d'amitié la digne récompense ! Je suis deux jours sans la voir, qui sont pour moi des siècles effroyables : je la rencontre par hasard ; mon cœur, à cette vue, se sent tout transporté, ma joie éclate

---

1. Vertige.   2. Voir Lexique, p. 158.

sur mon visage, je vole avec ravissement vers elle ;
et l'infidèle détourne de moi ses regards, et passe
brusquement, comme si de sa vie elle ne m'avait
vu !

COVIELLE. Je dis les mêmes choses que vous.

CLÉONTE. Peut-on voir rien d'égal, Covielle, à cette
perfidie de l'ingrate Lucile ?

COVIELLE. Et à celle, monsieur, de la pendarde de
Nicole ?

CLÉONTE. Après tant de sacrifices ardents, de soupirs,
et de vœux que j'ai faits à ses charmes !

COVIELLE. Après tant d'assidus hommages, de soins et
de services que je lui ai rendus dans sa cuisine !

CLÉONTE. Tant de larmes que j'ai versées à ses
genoux !

COVIELLE. Tant de seaux d'eau que j'ai tirés au puits
pour elle !

CLÉONTE. Tant d'ardeur que j'ai fait paraître à la ché-
rir plus que moi-même !

COVIELLE. Tant de chaleur que j'ai soufferte à tourner
la broche à sa place !

CLÉONTE. Elle me fuit avec mépris !

COVIELLE. Elle me tourne le dos avec effronterie !

CLÉONTE. C'est une perfidie digne des plus grands
châtiments.

COVIELLE. C'est une trahison à mériter mille soufflets.

CLÉONTE. Ne t'avise point, je te prie, de me parler
jamais pour elle.

COVIELLE. Moi, monsieur ! Dieu m'en garde !

CLÉONTE. Ne viens point m'excuser l'action de cette
infidèle.

COVIELLE. N'ayez pas peur.

CLÉONTE. Non, vois-tu, tous tes discours pour la
défendre ne serviront de rien.

COVIELLE. Qui songe à cela ?

CLÉONTE. Je veux contre elle conserver mon ressenti-
ment, et rompre ensemble tout commerce.

COVIELLE. J'y consens.

CLÉONTE. Ce monsieur le comte qui va chez elle lui

donne peut-être dans la vue[1] ; et son esprit, je le vois bien, se laisse éblouir à la qualité. Mais il me faut, pour mon honneur, prévenir l'éclat de son inconstance. Je veux faire autant de pas qu'elle[2] au changement où je la vois courir, et ne lui laisser pas toute la gloire de me quitter.

COVIELLE. C'est fort bien dit, et j'entre pour mon compte dans tous vos sentiments.

CLÉONTE. Donne la main à mon dépit[3], et soutiens ma résolution contre tous les restes d'amour qui me pourraient parler pour elle. Dis-m'en, je t'en conjure, tout le mal que tu pourras ; fais-moi de sa personne une peinture qui me la rende méprisable ; et marque-moi bien, pour m'en dégoûter, tous les défauts que tu peux voir en elle.

COVIELLE. Elle, monsieur ! voilà une belle mijaurée, une pimpesouée[4] bien bâtie, pour vous donner tant d'amour ! Je ne lui vois rien que de très médiocre, et vous trouverez cent personnes qui seront plus dignes de vous. Premièrement, elle a les yeux petits.

CLÉONTE. Cela est vrai, elle a les yeux petits ; mais elle les a pleins de feux, les plus brillants, les plus perçants du monde, les plus touchants qu'on puisse voir.

COVIELLE. Elle a la bouche grande.

CLÉONTE. Oui ; mais on y voit des grâces qu'on ne voit

---

1. Le sens de cette expression est éclairé par ce qui suit : Cléonte s'imagine que Lucile est éblouie par la noblesse de Dorante. Comparer avec cet exemple que donne Furetière à l'article « vue » : « Dès qu'il eut jeté la vue sur cette fille, il en devint amoureux, elle lui donna dans la vue. » Cléonte craint, en Dorante, de rencontrer un rival que, dans son ombrageuse jalousie, il se plaît à imaginer dangereux.   2. Prendre les devants sans attendre que son inconstance devienne patente et lui témoigner autant de refroidissement à son égard qu'elle m'en manifeste.   3. Le mot désigne non seulement le sentiment du personnage, mais le genre dramatique auquel appartient cette suite de scènes ; il sera repris par Lucile à la scène suivante. « Donne la main à mon dépit » : prête-moi ton assistance pour empêcher mon dépit de s'atténuer. (J.M.)   4. Archaïsme : femme enjôleuse et affectée. (J.M.)

point aux autres bouches ; et cette bouche, en la voyant, inspire des désirs, est la plus attrayante, la plus amoureuse du monde.

COVIELLE. Pour sa taille, elle n'est pas grande.

CLÉONTE. Non ; mais elle est aisée et bien prise.

COVIELLE. Elle affecte une nonchalance dans son parler, et dans ses actions.

CLÉONTE. Il est vrai ; mais elle a grâce à tout cela, et ses manières sont engageantes, ont je ne sais quel charme à s'insinuer dans les cœurs [1].

COVIELLE. Pour de l'esprit...

CLÉONTE. Ah ! elle en a, Covielle, du plus fin, du plus délicat.

COVIELLE. Sa conversation...

CLÉONTE. Sa conversation est charmante.

COVIELLE. Elle est toujours sérieuse.

CLÉONTE. Veux-tu de ces enjouements épanouis, de ces joies toujours ouvertes ? et vois-tu rien de plus impertinent que des femmes qui rient à tout propos ?

COVIELLE. Mais enfin elle est capricieuse autant que personne du monde.

CLÉONTE. Oui, elle est capricieuse, j'en demeure d'accord ; mais tout sied bien aux belles, on souffre tout des belles.

COVIELLE. Puisque cela va comme cela, je vois bien que vous avez envie de l'aimer toujours.

CLÉONTE. Moi, j'aimerais mieux mourir ; et je vais la haïr autant que je l'ai aimée.

COVIELLE. Le moyen, si vous la trouvez si parfaite ?

CLÉONTE. C'est en quoi ma vengeance sera plus éclatante, en quoi je veux faire mieux voir la force de mon cœur : à la haïr, à la quitter, toute belle, toute pleine d'attraits, toute aimable que je la trouve. La voici.

---

1. Je ne sais quel pouvoir magique d'ensorceler et de s'insinuer dans les cœurs.

Scène 10

Cléonte, Lucile, Covielle, Nicole

NICOLE, *à Lucile.* Pour moi, j'en ai été toute scandalisée.

LUCILE. Ce ne peut être, Nicole, que ce que je te dis.
Mais le voilà.

CLÉONTE, *à Covielle.* Je ne veux pas seulement lui
parler.

COVIELLE. Je veux vous imiter.

LUCILE. Qu'est-ce donc, Cléonte ? qu'avez-vous ?

NICOLE. Qu'as-tu donc, Covielle ?

LUCILE. Quel chagrin vous possède ?

NICOLE. Quelle mauvaise humeur te tient ?

LUCILE. Êtes-vous muet, Cléonte ?

NICOLE. As-tu perdu la parole, Covielle ?

CLÉONTE. Que voilà qui est scélérat !

COVIELLE. Que cela est Judas[1] !

LUCILE. Je vois bien que la rencontre de tantôt a
troublé votre esprit.

CLÉONTE, *à Covielle.* Ah ! ah ! on voit ce qu'on a fait.

NICOLE. Notre accueil de ce matin t'a fait prendre la
chèvre.

COVIELLE, *à Cléonte.* On a deviné l'enclouure[2].

LUCILE. N'est-il pas vrai, Cléonte, que c'est là le sujet
de votre dépit ?

CLÉONTE. Oui, perfide, ce l'est, puisqu'il faut parler ;
et j'ai à vous dire que vous ne triompherez pas
comme vous pensez de votre infidélité, que je veux
être le premier à rompre avecque vous, et que vous
n'aurez pas l'avantage de me chasser. J'aurai de la
peine, sans doute, à vaincre l'amour que j'ai pour
vous, cela me causera des chagrins, je souffrirai un
temps, mais j'en viendrai à bout, et je me percerai
plutôt le cœur, que d'avoir la faiblesse de retourner
à vous.

---

1. Quel comportement semblable à la trahison de Judas !   2. Désigne,
au propre, la blessure faite au pied d'un cheval par un clou de fer mal
placé, d'où le sens de souffrance cachée. (J.M.)

COVIELLE, *à Nicole*. Queussi, queumi[1].

LUCILE. Voilà bien du bruit pour un rien. Je veux vous dire, Cléonte, le sujet qui m'a fait ce matin éviter votre abord.

CLÉONTE, *fait semblant de s'en aller et tourne autour du théâtre*. Non, je ne veux rien écouter.

NICOLE, *à Covielle*. Je te veux apprendre la cause qui nous a fait passer si vite.

COVIELLE, *voulant aussi s'en aller pour éviter Nicole*. Je ne veux rien entendre.

LUCILE *suit Cléonte*. Sachez que ce matin...

CLÉONTE. Non, vous dis-je.

NICOLE *suit Covielle*. Apprends que...

COVIELLE. Non, traîtresse.

LUCILE. Écoutez.

CLÉONTE. Point d'affaire.

NICOLE. Laissez-moi dire.

COVIELLE. Je suis sourd.

LUCILE. Cléonte !

CLÉONTE. Non.

NICOLE. Covielle !

COVIELLE. Point.

LUCILE. Arrêtez.

CLÉONTE. Chansons !

NICOLE. Entends-moi.

COVIELLE. Bagatelles !

LUCILE. Un moment.

CLÉONTE. Point du tout.

NICOLE. Un peu de patience.

COVIELLE. Tarare[2].

LUCILE. Deux paroles.

CLÉONTE. Non, c'en est fait.

NICOLE. Un mot.

COVIELLE. Plus de commerce.

---

1. Expression paysanne signifiant : « C'est la même chose pour moi. » Marivaux la retrouvera notamment dans *La Surprise de l'amour*, quand Arlequin, amoureux déçu comme son maître Lélio, souligne l'analogie de leurs épreuves amoureuses. (J.M.)   2. Rien à faire, expression populaire. (J.M.)

LUCILE, *s'arrêtant*. Hé bien ! puisque vous ne voulez pas m'écouter, demeurez dans votre pensée, et faites ce qu'il vous plaira.

NICOLE, *s'arrêtant aussi*. Puisque tu fais comme cela, prends-le tout comme tu voudras.

CLÉONTE, *se retournant vers Lucile*. Sachons donc le sujet d'un si bel accueil.

LUCILE, *s'en allant à son tour pour éviter Cléonte*. Il ne me plaît plus de le dire.

COVIELLE, *se retournant vers Nicole*. Apprends-nous un peu cette histoire.

NICOLE, *s'en allant à son tour pour éviter Covielle*. Je ne veux plus, moi, te l'apprendre.

CLÉONTE. Dites-moi...

LUCILE. Non, je ne veux rien dire.

COVIELLE. Conte-moi...

NICOLE. Non, je ne conte rien.

CLÉONTE. De grâce.

LUCILE. Non, vous dis-je.

COVIELLE. Par charité.

NICOLE. Point d'affaire.

CLÉONTE. Je vous en prie.

LUCILE. Laissez-moi.

COVIELLE. Je t'en conjure.

NICOLE. Ôte-toi de là.

CLÉONTE. Lucile !

LUCILE. Non.

COVIELLE. Nicole !

NICOLE. Point.

CLÉONTE. Au nom des dieux !

LUCILE. Je ne veux pas.

COVIELLE. Parle-moi.

NICOLE. Point du tout.

CLÉONTE. Éclaircissez mes doutes.

LUCILE. Non, je n'en ferai rien.

COVIELLE. Guéris-moi l'esprit.

NICOLE. Non, il ne me plaît pas.

CLÉONTE. Hé bien ! puisque vous vous souciez si peu de me tirer de peine, et de vous justifier du traitement indigne que vous avez fait à ma flamme, vous me voyez, ingrate, pour la dernière fois, et je vais loin de vous mourir de douleur et d'amour.

COVIELLE, *à Nicole.* Et moi, je vais suivre ses pas.

LUCILE, *à Cléonte, qui veut sortir.* Cléonte !

NICOLE, *à Covielle qui suit son maître.* Covielle !

CLÉONTE, *s'arrêtant.* Eh ?

COVIELLE, *s'arrêtant aussi.* Plaît-il ?

LUCILE. Où allez-vous ?

CLÉONTE. Où je vous ai dit.

COVIELLE. Nous allons mourir[1].

LUCILE. Vous allez mourir, Cléonte ?

CLÉONTE. Oui, cruelle, puisque vous le voulez.

LUCILE. Moi, je veux que vous mouriez ?

CLÉONTE. Oui, vous le voulez.

LUCILE. Qui vous le dit ?

CLÉONTE, *s'approchant de Lucile.* N'est-ce pas le vouloir, que ne vouloir pas éclaircir mes soupçons ?

LUCILE. Est-ce ma faute ? et si vous aviez voulu m'écouter, ne vous aurais-je pas dit que l'aventure dont vous vous plaigniez a été causée ce matin par la présence d'une vieille tante, qui veut à toute force que la seule approche d'un homme déshonore une fille, qui perpétuellement nous sermonne sur ce chapitre, et nous figure tous les hommes comme des diables qu'il faut fuir ?

NICOLE, *à Covielle.* Voilà le secret de l'affaire.

CLÉONTE. Ne me trompez-vous point, Lucile ?

COVIELLE, *à Nicole.* Ne m'en donnes-tu point à garder[2] ?

LUCILE, *à Cléonte.* Il n'est rien de plus vrai.

NICOLE, *à Covielle.* C'est la chose comme elle est.

COVIELLE, *à Cléonte.* Nous rendrons-nous à cela ?

---

1. L'expression est à double sens : il est normal qu'un valet emploie la première personne du pluriel pour évoquer les problèmes de son maître, mais Covielle pense également aux siens. (J.M.)   **2.** « Il vous en a bien donné à garder, pour dire : il vous en a bien fait accroire » (Furetière). Variation du valet sur la formule que vient d'employer son jeune maître, et qu'il transpose dans un registre plus familier par le passage à la deuxième personne du singulier : ne me trompes-tu point, Nicole ?

CLÉONTE. Ah ! Lucile, qu'avec un mot de votre bouche vous savez apaiser de choses dans mon cœur ! et que facilement on se laisse persuader aux personnes qu'on aime !

COVIELLE. Qu'on est aisément amadoué par ces diantres[1] d'animaux-là !

Scène 11

MADAME JOURDAIN, CLÉONTE, LUCILE, COVIELLE, NICOLE

MADAME JOURDAIN. Je suis bien aise de vous voir, Cléonte, et vous voilà tout à propos. Mon mari vient ; prenez vite votre temps pour lui demander Lucile en mariage.

CLÉONTE. Ah ! madame, que cette parole m'est douce, et qu'elle flatte mes désirs ! Pouvais-je recevoir un ordre plus charmant, une faveur plus précieuse ?

Scène 12

MONSIEUR JOURDAIN, MADAME, JOURDAIN, CLÉONTE, LUCILE, COVIELLE, NICOLE

CLÉONTE. Monsieur, je n'ai voulu prendre personne[2] pour vous faire une demande que je médite il y a longtemps. Elle me touche assez pour m'en charger moi-même ; et, sans autre détour, je vous dirai que l'honneur d'être votre gendre est une faveur glorieuse que je vous prie de m'accorder.

MONSIEUR JOURDAIN. Avant que de vous rendre réponse, monsieur, je vous prie de me dire si vous êtes gentilhomme.

---

1. Diables.   2. Dans *Les Femmes savantes*, Clitandre prendra le « secours » d'Ariste pour demander la main d'Henriette. (J.M.)

CLÉONTE. Monsieur, la plupart des gens sur cette question n'hésitent pas beaucoup. On tranche le mot aisément. Ce nom ne fait aucun scrupule à prendre, et l'usage aujourd'hui semble en autoriser le vol. Pour moi, je vous avoue, j'ai les sentiments sur cette matière un peu plus délicats ; je trouve que toute imposture est indigne d'un honnête homme, et qu'il y a de la lâcheté à déguiser ce que le Ciel nous a fait naître, à se parer aux yeux du monde d'un titre dérobé, à se vouloir donner pour ce qu'on n'est pas. Je suis né de parents, sans doute, qui ont tenu des charges honorables. Je me suis acquis dans les armes l'honneur de six ans de services, et je me trouve assez de bien pour tenir dans le monde un rang assez passable. Mais, avec tout cela, je ne veux point me donner un nom où d'autres en ma place croiraient pouvoir prétendre, et je vous dirai franchement que je ne suis point gentilhomme [1].

MONSIEUR JOURDAIN. Touchez là, monsieur : ma fille n'est pas pour vous.

CLÉONTE. Comment ?

MONSIEUR JOURDAIN. Vous n'êtes point gentilhomme, vous n'aurez pas ma fille.

MADAME JOURDAIN. Que voulez-vous dire avec votre gentilhomme ? est-ce que nous sommes, nous autres, de la côte de saint Louis [2] ?

MONSIEUR JOURDAIN. Taisez-vous, ma femme : je vous vois venir.

MADAME JOURDAIN. Descendons-nous tous deux que de bonne bourgeoisie ?

---

1. Cléonte a pourtant énuméré tous les avantages (dignités, carrière militaire, richesse) qui pourraient l'autoriser à se faire passer pour noble. (J.M.) 2. « Côte signifie aussi : race, origine. Il fait vanité de sa noblesse, comme s'il était descendu de la côte de saint Louis. Nous sommes tous venus de la côte d'Adam » (Furetière, qui ne se réfère pas à ce passage du *Bourgeois gentilhomme*, bien qu'il paraisse probable qu'il s'en inspire ici).

MONSIEUR JOURDAIN. Voilà pas le coup de langue [1] ?

MADAME JOURDAIN. Et votre père n'était-il pas marchand aussi bien que le mien ?

MONSIEUR JOURDAIN. Peste soit de la femme ! Elle n'y a jamais manqué. Si votre père a été marchand, tant pis pour lui ; mais pour le mien, ce sont des malavisés qui disent cela. Tout ce que j'ai à vous dire, moi, c'est que je veux avoir un gendre gentilhomme.

MADAME JOURDAIN. Il faut à votre fille un mari qui lui soit propre, et il vaut mieux pour elle un honnête homme riche et bien fait, qu'un gentilhomme gueux et mal bâti.

NICOLE. Cela est vrai. Nous avons le fils du gentilhomme de notre village, qui est le plus grand malitorne [2] et le plus sot dadais que j'aie jamais vu.

MONSIEUR JOURDAIN. Taisez-vous, impertinente. Vous vous fourrez toujours dans la conversation. J'ai du bien assez pour ma fille, je n'ai besoin que d'honneur, et je la veux faire marquise.

MADAME JOURDAIN. Marquise ?

MONSIEUR JOURDAIN. Oui, marquise.

MADAME JOURDAIN. Hélas ! Dieu m'en garde !

MONSIEUR JOURDAIN. C'est une chose que j'ai résolue.

MADAME JOURDAIN. C'est une chose, moi, où je ne consentirai point. Les alliances avec plus grand que soi sont sujettes toujours à de fâcheux inconvénients [3]. Je ne veux point qu'un gendre puisse à ma fille reprocher ses parents, et qu'elle ait des enfants qui aient honte de m'appeler leur grand-maman. S'il fallait qu'elle me vînt visiter en équipage de

---

1. Comparer avec cette observation de Furetière, à l'article « langue » : « On dit aussi que tel coup de langue est pire qu'un coup de lance. » Le propos tenu par Madame Jourdain produit sur son mari le même effet, le touche au vif et l'atteint en son faible : son aspiration à passer pour gentilhomme. « Voilà pas » : l'on dirait aujourd'hui : « ne voilà-t-il pas » (justement ce que je craignais et qu'il ne fallait pas dire).   2. « Maladroit qui ne peut rien faire de bien » (Furetière).   3. George Dandin en savait déjà bien que dire...

grand-dame[1], et qu'elle manquât par mégarde à saluer quelqu'un du quartier, on ne manquerait pas aussitôt de dire cent sottises. « Voyez-vous, dirait-on, cette madame la marquise qui fait tant la glorieuse, c'est la fille de monsieur Jourdain, qui était trop heureuse, étant petite, de jouer à la madame[2] avec nous. Elle n'a pas toujours été si relevée[3] que la voilà, et ses deux grands-pères vendaient du drap auprès de la porte Saint-Innocent. Ils ont amassé du bien à leurs enfants, qu'ils payent maintenant peut-être bien cher en l'autre monde, et l'on ne devient guère si riches à être honnêtes gens. » Je ne veux point tous ces caquets et je veux un homme, en un mot, qui m'ait obligation de ma fille[4], et à qui je puisse dire : « Mettez-vous là, mon gendre, et dînez avec moi. »

MONSIEUR JOURDAIN. Voilà bien les sentiments d'un petit esprit, de vouloir demeurer toujours dans la bassesse. Ne me répliquez pas davantage : ma fille sera marquise en dépit de tout le monde ; et si vous me mettez en colère, je la ferai duchesse[5].

Il sort.

MADAME JOURDAIN. Cléonte, ne perdez point courage encore. Suivez-moi, ma fille, et venez dire résolument à votre père que si vous ne l'avez, vous ne voulez épouser personne.

---

1. De grande dame. Comparer avec « grand-maman » dans la phrase qui précède : « grand-dame » est formé sur le même modèle. L'expression, toujours employée par Madame Jourdain, se retrouve à la scène 2 de l'acte IV. **2.** « On dit proverbialement : jouer à la madame, en parlant d'un jeu que font les petites filles, lorsqu'elles contrefont tous les compliments et les cérémonies des femmes qui se visitent » (Furetière). **3.** D'un si haut rang. **4.** Qui me doive de la reconnaissance pour un mariage qui l'honore. (J.M.) **5.** Le titre de duc est situé immédiatement au-dessous du titre de prince. (J.M.)

Scène 13

CLÉONTE, COVIELLE

COVIELLE. Vous avez fait de belles affaires avec vos beaux sentiments.

CLÉONTE. Que veux-tu? j'ai un scrupule là-dessus, que l'exemple ne saurait vaincre [1].

COVIELLE. Vous moquez-vous, de le prendre sérieusement avec un homme comme cela? Ne voyez-vous pas qu'il est fou? et vous coûtait-il quelque chose de vous accommoder à ses chimères?

CLÉONTE. Tu as raison; mais je ne croyais pas qu'il fallût faire ses preuves de noblesse pour être gendre de monsieur Jourdain.

COVIELLE. Ah, ah, ah!

CLÉONTE. De quoi ris-tu?

COVIELLE. D'une pensée qui me vient pour jouer notre homme, et vous faire obtenir ce que vous souhaitez.

CLÉONTE. Comment?

COVIELLE. L'idée est tout à fait plaisante.

CLÉONTE. Quoi donc?

COVIELLE. Il s'est fait depuis peu une certaine mascarade qui vient le mieux du monde [2] ici, et que je prétends faire entrer dans une bourle [3] que je veux faire à notre ridicule. Tout cela sent un peu sa comédie; mais avec lui on peut hasarder toute chose, il n'y faut point chercher tant de façons, et il est homme à y jouer son rôle à merveille, à donner aisément dans toutes les fariboles qu'on s'avisera de lui dire. J'ai les acteurs, j'ai les habits tout prêts: laissez-moi faire seulement.

CLÉONTE. Mais apprends-moi...

COVIELLE. Je vais vous instruire de tout. Retirons-nous, le voilà qui revient.

---

1. Un scrupule à quoi beaucoup d'autres passent outre, mais qui m'empêchera toujours de suivre leur exemple.   2. Nous dirions, plus familièrement : qui tombe à pic.   3. Expression populaire d'origine italienne : un bon tour. (J.M.)

Scène 14

Monsieur Jourdain, laquais

Monsieur Jourdain. Que diable est-ce là ! ils n'ont rien que les grands seigneurs à me reprocher ; et moi, je ne vois rien de si beau que de hanter les grands seigneurs : il n'y a qu'honneur et que civilité avec eux, et je voudrais qu'il m'eût coûté deux doigts de la main, et être né comte ou marquis.

Laquais. Monsieur, voici monsieur le comte, et une dame qu'il mène par la main.

Monsieur Jourdain. Hé mon Dieu ! j'ai quelques ordres à donner. Dis-leur que je vais venir ici tout à l'heure.

Scène 15

Dorimène, Dorante, laquais

Laquais. Monsieur dit comme cela qu'il va venir ici tout à l'heure.

Dorante. Voilà qui est bien.

Dorimène. Je ne sais pas, Dorante, je fais encore ici une étrange démarche, de me laisser amener par vous dans une maison où je ne connais personne.

Dorante. Quel lieu voulez-vous donc, madame, que mon amour choisisse pour vous régaler[1], puisque, pour fuir l'éclat[2], vous ne voulez ni votre maison, ni la mienne ?

Dorimène. Mais vous ne dites pas que je m'engage insensiblement, chaque jour, à recevoir de trop grands témoignages de votre passion ? J'ai beau me défendre des choses, vous fatiguez ma résistance, et vous avez une civile opiniâtreté qui me fait venir doucement à tout ce qu'il vous plaît. Les visites fré-

---

1. « Faire des fêtes, donner des repas, des divertissements à ceux qu'on veut honorer, ou réjouir » (Furetière).   2. Éviter le scandale public.

quentes ont commencé ; les déclarations sont
venues ensuite, qui après elles ont traîné les sérénades et les cadeaux que les présents ont suivis. Je
me suis opposée à tout cela, mais vous ne vous
rebutez point, et pied à pied vous gagnez mes réso-
lutions. Pour moi, je ne puis plus répondre de rien,
et je crois qu'à la fin vous me ferez venir au
mariage, dont je me suis tant éloignée.

DORANTE. Ma foi ! madame, vous y devriez déjà être.
Vous êtes veuve, et ne dépendez que de vous. Je
suis maître de moi, et vous aime plus que ma vie.
À quoi tient-il que dès aujourd'hui vous ne fassiez
tout mon bonheur ?

DORIMÈNE. Mon Dieu ! Dorante, il faut des deux parts
bien des qualités pour vivre heureusement ensemble ; et les deux plus raisonnables personnes du
monde ont souvent peine à composer une union
dont ils soient satisfaits.

DORANTE. Vous vous moquez, madame, de vous y
figurer tant de difficultés ; et l'expérience que vous
avez faite ne conclut rien pour tous les autres.

DORIMÈNE. Enfin, j'en reviens toujours là : les dépenses que je vous vois faire pour moi m'inquiètent
par deux raisons : l'une, qu'elles m'engagent plus
que je ne voudrais ; et l'autre, que je suis sûre, sans
vous déplaire, que vous ne les faites point que vous
ne vous incommodiez ; et je ne veux point cela.

DORANTE. Ah ! madame, ce sont des bagatelles ; et ce
n'est pas par là...

DORIMÈNE. Je sais ce que je dis ; et, entre autres, le
diamant que vous m'avez forcée à prendre est d'un
prix...

DORANTE. Eh ! madame, de grâce, ne faites point tant
valoir une chose que mon amour trouve indigne de
vous ; et souffrez... Voici le maître du logis.

Scène 16

Monsieur Jourdain, Dorimène, Dorante,
laquais

Monsieur Jourdain, *après avoir fait deux révérences, se trouvant trop près de Dorimène.* Un peu plus loin, madame.

Dorimène. Comment ?

Monsieur Jourdain. Un pas, s'il vous plaît.

Dorimène. Quoi donc ?

Monsieur Jourdain. Reculez un peu, pour la troisième [1].

Dorante. Madame, monsieur Jourdain sait son monde [2].

Monsieur Jourdain. Madame, ce m'est une gloire bien grande de me voir assez fortuné pour être si heureux que d'avoir le bonheur que vous avez eu la bonté de m'accorder la grâce de me faire l'honneur de m'honorer de la faveur de votre présence ; et si j'avais aussi le mérite pour mériter un mérite comme le vôtre, et que le Ciel... envieux de mon bien... m'eût accordé... l'avantage de me voir digne... des...

Dorante. Monsieur Jourdain, en voilà assez : madame n'aime pas les grands compliments, et elle sait que vous êtes homme d'esprit. *(Bas, à Dorimène.)* C'est un bon bourgeois assez ridicule, comme vous voyez, dans toutes ses manières.

Dorimène, *bas, à Dorante.* Il n'est pas malaisé de s'en apercevoir.

Dorante. Madame, voilà le meilleur de mes amis.

Monsieur Jourdain. C'est trop d'honneur que vous me faites.

Dorante. Galant homme tout à fait.

Dorimène. J'ai beaucoup d'estime pour lui.

---

1. La « troisième » : la dernière des trois révérences prescrites par le Maître à danser, dont il suit ponctuellement les leçons : voir plus haut, à l'acte I, la fin de la première scène.   2. « C'est un homme qui sait son monde [...] : qui sait vivre » (Furetière, article « monde »).

MONSIEUR JOURDAIN. Je n'ai rien fait encore, madame,
pour mériter cette grâce.

DORANTE, *bas, à M. Jourdain.* Prenez garde au moins
à ne lui point parler du diamant que vous lui avez
donné.

MONSIEUR JOURDAIN. Ne pourrais-je pas seulement lui
demander comment elle le trouve ?

DORANTE. Comment ? gardez-vous-en bien : cela
serait vilain [1] à vous, et pour agir en galant homme,
il faut que vous fassiez comme si ce n'était pas vous
qui lui eussiez fait ce présent. Monsieur Jourdain,
madame, dit qu'il est ravi de vous voir chez lui.

DORIMÈNE. Il m'honore beaucoup.

MONSIEUR JOURDAIN, *bas, à Dorante.* Que je vous suis
obligé, monsieur, de lui parler ainsi pour moi !

DORANTE, *bas, à M. Jourdain.* J'ai eu une peine
effroyable à la faire venir ici.

MONSIEUR JOURDAIN, *bas, à Dorante.* Je ne sais quelles
grâces vous en rendre.

DORANTE. Il dit, madame, qu'il vous trouve la plus
belle personne du monde.

DORIMÈNE. C'est bien de la grâce qu'il me fait.

MONSIEUR JOURDAIN. Madame, c'est vous qui faites les
grâces ; et...

DORANTE. Songeons à manger.

LAQUAIS. Tout est prêt, monsieur.

DORANTE. Allons donc nous mettre à table, et qu'on
fasse venir les musiciens.

*Six cuisiniers, qui ont préparé le festin, dansent
ensemble, et font le troisième intermède ; après quoi ils
apportent une table couverte de plusieurs mets.*

---

1. Digne d'un homme de village, d'un paysan. (J.M.)

ACTE IV

Scène 1

DORANTE, DORIMÈNE, MONSIEUR JOURDAIN,
DEUX MUSICIENS, UNE MUSICIENNE, LAQUAIS

DORIMÈNE. Comment, Dorante ? voilà un repas tout à fait magnifique !

MONSIEUR JOURDAIN. Vous vous moquez, madame, et je voudrais qu'il fût plus digne de vous être offert.

Tous se mettent à table.

DORANTE. Monsieur Jourdain a raison, madame, de parler de la sorte, et il m'oblige[1] de vous faire si bien les honneurs de chez lui. Je demeure d'accord avec lui que le repas n'est pas digne de vous. Comme c'est moi qui l'ai ordonné et que je n'ai pas sur cette matière les lumières de nos amis, vous n'avez pas ici un repas fort savant, et vous y trouverez des incongruités[2] de bonne chère, et des barbarismes de bon goût. Si Damis s'en était mêlé, tout

---

1. « Obliger : faire plaisir, rendre un bon office » (Richelet, qui donne ensuite cet exemple, tiré des *Mémoires* écrits par La Rochefoucauld : « Il faut essayer d'obliger les personnes de qualité »). Monsieur Jourdain, avec Dorante, s'emploie de son mieux à suivre cette ligne de conduite.
2. Incongruité dans le sens propre : « Faute contre la Grammaire, mauvaise façon de parler » (Furetière). Par extension et métaphore, le mot « se dit figurément et plus souvent des fautes contre l'honnêteté, contre la bienséance, contre les manières d'agir dans le monde » (*ibid.*). Ici contre le bon goût en matière de gastronomie. « Barbarisme », aussitôt après, appelle une remarque analogue.

serait dans les règles[1] ; il y aurait partout de l'élégance et de l'érudition, et il ne manquerait pas de
vous exagérer lui-même toutes les pièces du repas[2]
qu'il vous donnerait, et de vous faire tomber
d'accord de sa haute capacité dans la science des
bons morceaux, de vous parler d'un pain de rive[3]
à biseau doré, relevé[4] de croûte partout, croquant
tendrement sous la dent, d'un vin à sève[5] veloutée,
armé d'un vert qui n'est point trop commandant[6] ;
d'un carré de mouton gourmandé[7] de persil ; d'une
longe de veau de rivière[8], longue comme cela,
blanche, délicate, et qui sous les dents est une vraie
pâte d'amande ; de perdrix relevées d'un fumet[9]
surprenant ; et pour son opéra[10], d'une soupe à
bouillon perlé[11], soutenue d'un jeune gros dindon

---

1. Dans *La Critique de l'École des femmes*, un autre Dorante compare celui
qui ne juge des comédies que selon les règles d'Aristote à « un homme qui
aurait trouvé une sauce excellente et qui voudrait examiner si elle est bonne
sur les préceptes du *Cuisinier français* ». Le repas ici évoqué s'inspire précisément de ce traité de La Varenne (1re édition, 1659). Cette tirade-ci paraît
bien constituer une apologie du libre genre de la comédie-ballet, telle que
Molière l'illustre dans *Le Bourgeois gentilhomme* (J.M.).   2. Tout ce dont
se compose le menu.   3. Furetière, à l'article « rive » : « On appelle un
pain de rive, celui qui est bien cuit sur les bords, qui était placé sur la rive
du four. » Le « biseau » désigne un « endroit du pain où il n'y a pas de
croûte » (*ibid.*).   4. Rendu plus agréable au palais par la croûte qui l'en-
toure tout entier.   5. « Sève se dit aussi d'une qualité de vin qui le rend
agréable » (Furetière).   6. Avec une pointe de verdeur pas plus domi-
nante qu'il ne faut.   7. « Terme de cuisine », selon Littré, qui le glose
par « lardé ». Mais plutôt ici pris au sens de : garni de persil, pour le plaisir
des gourmets.   8. « Les veaux de rivière sont des veaux extrêmement
gras, qui viennent de vers Rouen, où il y a de bons pâturages » (Furetière).
9. Comparer avec cette remarque de Furetière, à l'article « fumet » :
« Cette perdrix a un fumet qu'on prend plaisir à sentir avant qu'on la
mange. »   10. « Ce mot se dit en riant pour dire une chose excellente.
Une sorte de chef-d'œuvre en matière d'esprit » (Richelet), mais aussi en
matière, par extension, d'art culinaire... C'est ici le cas.   11. Comparer
avec ce que dit Furetière, à l'article « perlé » : « On dit aussi d'une soupe
excellente que c'est une soupe perlée, de couleur perlée. » « Bouillon : se
dit aussi de la liqueur ou du suc des viandes ou des herbes, qui sert à faire
le potage » (*ibid.*, article « bouillon »).

cantonné [1] de pigeonneaux, et couronnée d'oignons blancs mariés avec la chicorée. Mais pour moi, je vous avoue mon ignorance ; et comme monsieur Jourdain a fort bien dit, je voudrais que le repas fût plus digne de vous être offert.

DORIMÈNE. Je ne réponds à ce compliment qu'en mangeant comme je fais.

MONSIEUR JOURDAIN. Ah ! que voilà de belles mains !

DORIMÈNE. Les mains sont médiocres, monsieur Jourdain ; mais vous voulez parler du diamant, qui est fort beau.

MONSIEUR JOURDAIN. Moi, madame ! Dieu me garde d'en vouloir parler ; ce ne serait pas agir en galant homme, et le diamant est fort peu de chose.

DORIMÈNE. Vous êtes bien dégoûté.

MONSIEUR JOURDAIN. Vous avez trop de bonté...

DORANTE. Allons, qu'on donne du vin à monsieur Jourdain, et à ces messieurs, qui nous feront la grâce de nous chanter un air à boire.

DORIMÈNE. C'est merveilleusement assaisonner la bonne chère que d'y mêler la musique, et je me vois ici admirablement régalée.

MONSIEUR JOURDAIN. Madame, ce n'est pas...

DORANTE. Monsieur Jourdain, prêtons silence à ces messieurs ; ce qu'ils nous diront vaudra mieux que tout ce que nous pourrions dire.

Les musiciens et la musicienne prennent des verres, chantent deux chansons à boire, et sont soutenus de toute la symphonie.

PREMIÈRE CHANSON À BOIRE

Un petit doigt, Philis, pour commencer le tour.
Ah ! qu'un verre en vos mains a d'agréables charmes !

---

1. Le terme paraît emprunté au vocabulaire de l'héraldique, où l'on appelle « pièce cantonnée » une « pièce accompagnée dans les cantons de l'écu » (parties carrées, de surface plus réduites que les quartiers) « de quelques figures » (Littré, qui cite ensuite ce passage du *Bourgeois gentilhomme* et traduit ici « cantonné » par « accompagné, entouré », mais observe que, de nos jours, « on dit plus souvent flanqué »).

Vous et le vin, vous vous prêtez des armes,
Et je sens pour tous deux redoubler mon amour :
Entre lui, vous et moi, jurons, jurons, ma belle,
    Une ardeur éternelle.
Qu'en mouillant votre bouche il en reçoit d'attraits,
Et que l'on voit par lui votre bouche embellie !
    Ah ! l'un de l'autre, ils me donnent envie,
Et de vous et de lui je m'enivre à longs traits :
Entre lui, vous et moi, jurons, jurons, ma belle,
    Une ardeur éternelle.

SECONDE CHANSON À BOIRE
Buvons, chers amis, buvons :
Le temps qui fuit nous y convie ;
    Profitons de la vie
    Autant que nous pouvons.
Quand on a passé l'onde noire,
Adieu le bon vin, nos amours ;
    Dépêchons-nous de boire,
    On ne boit pas toujours.
Laissons raisonner les sots
Sur le vrai bonheur de la vie ;
    Notre philosophie
    Le met parmi les pots.
Les biens, le savoir et la gloire
    N'ôtent point les soucis fâcheux,
    Et ce n'est qu'à bien boire
    Que l'on peut être heureux.
Sus, sus, du vin partout, versez, garçons, versez,
Versez, versez toujours, tant qu'on vous dise assez.

DORIMÈNE. Je ne crois pas qu'on puisse mieux chanter, et cela est tout à fait beau.

MONSIEUR JOURDAIN. Je vois encore ici, madame, quelque chose de plus beau.

DORIMÈNE. Ouais ! monsieur Jourdain est galant plus que je ne pensais.

DORANTE. Comment, madame ? pour qui prenez-vous monsieur Jourdain ?

MONSIEUR JOURDAIN. Je voudrais bien qu'elle me prît
   pour ce que je dirais.

DORIMÈNE. Encore !

DORANTE. Vous ne le connaissez pas.

MONSIEUR JOURDAIN. Elle me connaîtra quand il lui plaira.

DORIMÈNE. Oh ! je le quitte[1].

DORANTE. Il est homme qui a toujours la riposte en main.
   Mais vous ne voyez pas que monsieur Jourdain,
   madame, mange tous les morceaux que vous touchez.

DORIMÈNE. Monsieur Jourdain est un homme qui me
   ravit.

MONSIEUR JOURDAIN. Si je pouvais ravir votre cœur, je
   serais...

Scène 2

MADAME JOURDAIN, MONSIEUR JOURDAIN,
DORIMÈNE, DORANTE,
MUSICIENS, MUSICIENNES, LAQUAIS

MADAME JOURDAIN. Ah, ah ! je trouve ici bonne compagnie, et je vois bien qu'on ne m'y attendait pas.
   C'est donc pour cette belle affaire-ci, monsieur
   mon mari, que vous avez eu tant d'empressement
   à m'envoyer dîner chez ma sœur[2] ? Je viens de voir
   un théâtre là-bas[3], et je vois ici un banquet à faire
   noces[4]. Voilà comme vous dépensez votre bien, et
   c'est ainsi que vous festinez les dames en mon
   absence, et que vous leur donnez la musique et la
   comédie, tandis que vous m'envoyez promener ?

DORANTE. Que voulez-vous dire, madame Jourdain ?
   et quelles fantaisies sont les vôtres, de vous aller

_____

1. Je renonce à rivaliser avec lui en esprit. (J.M.)   2. Cette « sœur » était,
à la scène 6 de l'acte III, désignée comme sienne par Monsieur Jourdain :
elle est certainement la belle-sœur de l'un ou de l'autre.   3. Il s'agit des
artistes qui doivent interpréter le ballet prévu pour l'après-dîner, et qui
se préparent dans la « salle basse » de la maison de Monsieur Jourdain.
(J.M.)   4. Un festin digne d'un repas de noces.

mettre en tête que votre mari dépense son bien, et que c'est lui qui donne ce régale[1] à madame ? Apprenez que c'est moi, je vous prie ; qu'il ne fait seulement que me prêter sa maison, et que vous devriez un peu mieux regarder aux choses que vous dites.

MONSIEUR JOURDAIN. Oui, impertinente, c'est monsieur le comte qui donne tout ceci à madame, qui est une personne de qualité. Il me fait l'honneur de prendre ma maison, et de vouloir que je sois avec lui.

MADAME JOURDAIN. Ce sont des chansons que cela : je sais ce que je sais.

DORANTE. Prenez, madame Jourdain, prenez de meilleures lunettes.

MADAME JOURDAIN. Je n'ai que faire de lunettes, monsieur, et je vois assez clair ; il y a longtemps que je sens les choses, et je ne suis pas une bête. Cela est fort vilain à vous, pour un grand seigneur, de prêter la main comme vous faites aux sottises de mon mari. Et vous, madame, pour une grand-dame, cela n'est ni beau ni honnête à vous, de mettre de la dissension dans un ménage, et de souffrir que mon mari soit amoureux de vous.

DORIMÈNE. Que veut donc dire tout ceci ? Allez, Dorante, vous vous moquez, de m'exposer aux sottes visions de cette extravagante.

DORANTE, *suivant Dorimène qui sort.* Madame, holà ! madame, où courez-vous ?

MONSIEUR JOURDAIN. Madame, monsieur le comte, faites-lui excuses, et tâchez de la ramener. Ah ! impertinente que vous êtes ! voilà de vos beaux faits ; vous me venez faire des affronts devant tout le monde, et vous chassez de chez moi des personnes de qualité.

MADAME JOURDAIN. Je me moque de leur qualité.

MONSIEUR JOURDAIN. Je ne sais qui me tient, maudite,

---

1. Cette fête. (J.M.)

que je ne vous fende la tête avec les pièces du repas
que vous êtes venue troubler.

On ôte la table.

MADAME JOURDAIN, *sortant.* Je me moque de cela. Ce
sont mes droits que je défends, et j'aurai pour moi
toutes les femmes.

MONSIEUR JOURDAIN. Vous faites bien d'éviter ma
colère. *(Seul.)* Elle est arrivée là bien malheureuse-
ment. J'étais en humeur de dire de jolies choses, et
jamais je ne m'étais senti tant d'esprit. Qu'est-ce
que c'est que cela ?

Scène 3

COVIELLE, *déguisé*, MONSIEUR JOURDAIN, LAQUAIS

COVIELLE. Monsieur, je ne sais pas si j'ai l'honneur
d'être connu de vous.

MONSIEUR JOURDAIN. Non, monsieur.

COVIELLE. Je vous ai vu que vous n'étiez pas plus grand
que cela.

MONSIEUR JOURDAIN. Moi !

COVIELLE. Oui, vous étiez le plus bel enfant du monde,
et toutes les dames vous prenaient dans leurs bras
pour vous baiser [1].

MONSIEUR JOURDAIN. Pour me baiser !

COVIELLE. Oui. J'étais grand ami de feu monsieur
votre père.

MONSIEUR JOURDAIN. De feu monsieur mon père !

COVIELLE. Oui. C'était un fort honnête gentilhomme.

MONSIEUR JOURDAIN. Comment dites-vous ?

COVIELLE. Je dis que c'était un fort honnête gentilhomme.

MONSIEUR JOURDAIN. Mon père !

COVIELLE. Oui.

MONSIEUR JOURDAIN. Vous l'avez fort connu ?

---

1. Embrasser. (J.M.)

COVIELLE. Assurément.

MONSIEUR JOURDAIN. Et vous l'avez connu pour gentilhomme ?

COVIELLE. Sans doute.

MONSIEUR JOURDAIN. Je ne sais donc pas comment le
monde est fait.

COVIELLE. Comment ?

MONSIEUR JOURDAIN. Il y a de sottes gens qui me veulent dire qu'il a été marchand.

COVIELLE. Lui, marchand ! C'est pure médisance, il ne
l'a jamais été. Tout ce qu'il faisait, c'est qu'il était fort
obligeant, fort officieux [1], et comme il se connaissait
fort bien en étoffes, il en allait choisir de tous les côtés,
les faisait apporter chez lui et en donnait à ses amis
pour de l'argent.

MONSIEUR JOURDAIN. Je suis ravi de vous connaître, afin
que vous rendiez ce témoignage-là, que mon père
était gentilhomme.

COVIELLE. Je le soutiendrai devant tout le monde.

MONSIEUR JOURDAIN. Vous m'obligerez. Quel sujet vous
amène ?

COVIELLE. Depuis avoir connu feu monsieur votre
père, honnête gentilhomme, comme je vous ai dit,
j'ai voyagé par tout le monde.

MONSIEUR JOURDAIN. Par tout le monde !

COVIELLE. Oui.

MONSIEUR JOURDAIN. Je pense qu'il y a bien loin en ce
pays-là.

COVIELLE. Assurément. Je ne suis revenu de tous mes
longs voyages que depuis quatre jours ; et par l'intérêt [2] que je prends à tout ce qui vous touche, je viens
vous annoncer la meilleure nouvelle du monde.

MONSIEUR JOURDAIN. Quelle ?

COVIELLE. Vous savez que le fils du Grand Turc est
ici ?

MONSIEUR JOURDAIN. Moi ? Non.

---

1. Qui rend volontiers service. (J.M.)   2. À cause de l'intérêt.

COVIELLE. Comment ? il a un train[1] tout à fait magnifique ; tout le monde le va voir, et il a été reçu en ce pays comme un seigneur d'importance.

MONSIEUR JOURDAIN. Par ma foi ! je ne savais pas cela.

COVIELLE. Ce qu'il y a d'avantageux pour vous, c'est qu'il est amoureux de votre fille.

MONSIEUR JOURDAIN. Le fils du Grand Turc ?

COVIELLE. Oui ; et il veut être votre gendre.

MONSIEUR JOURDAIN. Mon gendre, le fils du Grand Turc !

COVIELLE. Le fils du Grand Turc votre gendre. Comme je le fus voir et que j'entends parfaitement sa langue, il s'entretint avec moi ; et, après quelques autres discours, il me dit : *Acciam croc soler ouch alla moustaph gidelum amanabem varahini oussere carbulath*, c'est-à-dire : « N'as-tu point vu une jeune belle personne, qui est la fille de monsieur Jourdain, gentilhomme parisien ? »

MONSIEUR JOURDAIN. Le fils du Grand Turc dit cela de moi ?

COVIELLE. Oui. Comme je lui eus répondu que je vous connaissais particulièrement, et que j'avais vu votre fille : « Ah ! me dit-il, *marababa sahem* » ; c'est-à-dire : « Ah ! que je suis amoureux d'elle ! »

MONSIEUR JOURDAIN. *Marababa sahem* veut dire : « Ah ! que je suis amoureux d'elle » ?

COVIELLE. Oui.

MONSIEUR JOURDAIN. Par ma foi ! vous faites bien de me le dire, car pour moi je n'aurais jamais cru que *marababa sahem* eût voulu dire : « Ah ! que je suis amoureux d'elle ! » Voilà une langue admirable que ce turc !

COVIELLE. Plus admirable qu'on ne peut croire. Savez-vous bien ce que veut dire *cacaracamouchen* ?

MONSIEUR JOURDAIN. *Cacaracamouchen* ? Non.

COVIELLE. C'est-à-dire : « Ma chère âme. »

---

1. Voir Lexique, p. 158.

MONSIEUR JOURDAIN. *Cacaracamouchen* veut dire : « Ma chère âme » ?

COVIELLE. Oui.

MONSIEUR JOURDAIN. Voilà qui est merveilleux ! *Cacara-camouchen*, « Ma chère âme ». Dirait-on jamais cela ? Voilà qui me confond.

COVIELLE. Enfin, pour achever mon ambassade, il vient vous demander votre fille en mariage ; et pour avoir un beau-père qui soit digne de lui, il veut vous faire *Mamamouchi*, qui est une certaine grande dignité de son pays.

MONSIEUR JOURDAIN. *Mamamouchi* ?

COVIELLE. Oui, *Mamamouchi* ; c'est-à-dire, en notre langue, paladin. Paladin, ce sont de ces anciens... Paladin enfin[1]. Il n'y a rien de plus noble que cela dans le monde, et vous irez de pair avec les plus grands seigneurs de la terre.

MONSIEUR JOURDAIN. Le fils du Grand Turc m'honore beaucoup, et je vous prie de me mener chez lui pour lui en faire mes remerciements.

COVIELLE. Comment ? le voilà qui va venir ici.

MONSIEUR JOURDAIN. Il va venir ici ?

COVIELLE. Oui ; et il amène toutes les choses pour la cérémonie de votre dignité.

MONSIEUR JOURDAIN. Voilà qui est bien prompt.

COVIELLE. Son amour ne peut souffrir aucun retardement.

MONSIEUR JOURDAIN. Tout ce qui m'embarrasse ici, c'est que ma fille est une opiniâtre, qui s'est allée mettre dans la tête un certain Cléonte, et elle jure de n'épouser personne que celui-là.

COVIELLE. Elle changera de sentiment quand elle verra

---

1. « Héros, ou ancien Aventurier ou Chevalier errant, dont il est fait beaucoup de mention dans les romans, fondés sur ce que la plupart étaient des plus notables officiers de la Cour et du Palais de l'Empereur Charlemagne. Ainsi ce mot est venu par corruption de Palatin ; et on l'a donné à Roland, Renaud, Ogier, Olivier, qui étaient les princes de la Cour de Charlemagne, dont on a fait des Héros de romans » (Furetière). L'érudition de Covielle à ce sujet reste évidemment des plus sommaires...

le fils du Grand Turc ; et puis il se rencontre ici
une aventure merveilleuse, c'est que le fils du
Grand Turc ressemble à ce Cléonte, à peu de chose
près. Je viens de le voir, on me l'a montré ; et
l'amour qu'elle a pour l'un pourra passer aisément
à l'autre, et... Je l'entends venir : le voilà.

Scène 4

CLÉONTE, *en Turc, avec trois pages portant sa veste,*
MONSIEUR JOURDAIN, COVIELLE, *déguisé*

CLÉONTE. *Ambousahim oqui boraf, Iordina salamalequi.*

COVIELLE. C'est-à-dire : « Monsieur Jourdain, votre
cœur soit toute l'année comme un rosier fleuri. »
Ce sont façons de parler obligeantes de ces pays-là.

MONSIEUR JOURDAIN. Je suis très humble serviteur de
Son Altesse Turque.

COVIELLE. *Carigar camboto oustin moraf.*

CLÉONTE. *Oustin yoc catamalequi basum base alla
moram.*

COVIELLE. Il dit : « Que le Ciel vous donne la force des
lions et la prudence des serpents ! »

MONSIEUR JOURDAIN. Son Altesse Turque m'honore
trop, et je lui souhaite toutes sortes de prospérités.

COVIELLE. *Ossa binamen sadoc bababy oracaf ouram.*

CLÉONTE. *Bel-men.*

COVIELLE. Il dit que vous alliez vite avec lui vous préparer pour la cérémonie, afin de voir ensuite votre
fille, et de conclure le mariage.

MONSIEUR JOURDAIN. Tant de choses en deux mots ?

COVIELLE. Oui, la langue turque est comme cela, elle
dit beaucoup en peu de paroles. Allez vite où il souhaite.

Scène 5

DORANTE, COVIELLE

COVIELLE. Ha, ha, ha ! Ma foi ! cela est tout à fait drôle. Quelle dupe ! Quand il aurait appris son rôle par cœur, il ne pourrait pas le mieux jouer. Ah, ah. Je vous prie, monsieur, de nous vouloir aider céans, dans une affaire qui s'y passe.

DORANTE. Ah, ah ! Covielle, qui t'aurait reconnu ? Comme te voilà ajusté [1] !

COVIELLE. Vous voyez. Ah, ah !

DORANTE. De quoi ris-tu ?

COVIELLE. D'une chose, monsieur, qui le mérite bien.

DORANTE. Comment ?

COVIELLE. Je vous le donnerais en bien des fois [2], monsieur, à deviner le stratagème dont nous nous servons auprès de monsieur Jourdain, pour porter son esprit à donner sa fille à mon maître.

DORANTE. Je ne devine point le stratagème ; mais je devine qu'il ne manquera pas de faire son effet, puisque tu l'entreprends.

COVIELLE. Je sais, monsieur, que la bête vous est connue.

DORANTE. Apprends-moi ce que c'est.

COVIELLE. Prenez la peine de vous tirer un peu plus loin, pour faire place à ce que j'aperçois venir. Vous pourrez voir une partie de l'histoire, tandis que je vous conterai le reste.

La cérémonie turque pour ennoblir le Bourgeois se fait en danse et en musique, et compose le quatrième intermède.

---

1. Dorante s'étonne du déguisement de Covielle comme si tous deux se connaissaient, ce que rien n'indiquait jusqu'à présent. Il exprimera à l'acte suivant (V, 2) son estime pour Cléonte de façon tout aussi imprévue. (J.M.) 2. Terme de jeu signifiant : en autant de coups que vous voulez. (J.M.)

Le Mufti[1], quatre Dervis[2], six Turcs dansant, six Turcs musiciens, et autres joueurs d'instruments à la turque, sont les acteurs de cette cérémonie.

Le Mufti invoque Mahomet avec les douze Turcs et les quatre Dervis ; après on lui amène le Bourgeois, vêtu à la turque, sans turban et sans sabre, auquel il chante ces paroles :

TEXTE	TRADUCTION

LE MUFTI

Se ti sabir,	Si toi savoir,
Ti respondir ;	Toi, répondre ;
Se non sabir,	Si non savoir,
Tazir, tazir.	Te taire, te taire.
Mi star Mufti,	Moi être Mufti,
Ti qui star ti ?	Toi, qui être, toi ?
Non intendir :	(Toi) pas entendre [comprendre] :
Tazir, tazir.	Te taire, te taire.

Le Mufti demande, en même langue, aux Turcs assistants de quelle religion est le Bourgeois, et ils l'assurent qu'il est mahométan. Le Mufti invoque Mahomet en langue franque, et chante les paroles qui suivent :

LE MUFTI

Mahametta per Giourdina,	Mahomet, pour Jourdain,
Mi pregar sera e mattina :	Moi prier soir et matin :
Voler far un Paladina	Vouloir faire un Paladin
Dé Giourdina, dé Giour- *[dina.*	De Jourdain, de Jourdain.

Dar turbanta, é dar scar-
      [cina,
	Donner turban, et donner
	                    [cimeterre,

---

1. « C'est le chef de la religion musulmane, résidant à Constantinople » et « le souverain interprète de l'Alcoran » (Furetière).   2. « Sorte de Religieux mahométans [...] Dervis signifie pauvres, ou détachés du monde, et est un nom commun à toute sorte de religieux turcs » (*Dictionnaire historique de Moreri*). On les nomme aujourd'hui derviches.

Con galera é brigantina[1],   Avec galère et brigantine,
Per deffender Palestina.   Pour défendre Palestine.
Mahametta, etc.   Mahomet, etc.

Le Mufti demande aux Turcs si le Bourgeois sera ferme dans la religion mahométane, et leur chante ces paroles :

LE MUFTI
Star bon Turca Giourdi-   Être bon Turc, Jourdain ?
     [na ?

LES TURCS
Hi valla.   Je l'affirme par Dieu.

LE MUFTI *danse et chante ces mots :*
Hu la ba ba la chou ba la ba ba la da.

Les Turcs répondent les mêmes vers.
Le Mufti propose de donner le turban au Bourgeois, et chante les paroles qui suivent :

LE MUFTI
Ti non star furba ?   Toi, pas être fourbe ?

LES TURCS
No, no, no.   Non, non, non.

LE MUFTI
Non star furfanta ?   Pas être fripon ?

LES TURCS
No, no, no.   Non, non, non.

LE MUFTI
Donar turbanta, donar tur-   Donner turban, donner tur-
     [banta.   *[ban.*

---

1. Voir Lexique, p. 157.

Les Turcs répètent tout ce qu'a dit le Mufti pour donner
le turban au Bourgeois. Le Mufti et les Dervis se coiffent
avec des turbans de cérémonies ; et l'on présente au Mufti
l'Alcoran[1], qui fait une seconde invocation avec tout le reste
des Turcs assistants ; après son invocation, il donne au
Bourgeois l'épée, et chante ces paroles :

LE MUFTI
Ti star nobilé, é non star   Toi être noble, et (cela) pas
        [fabbola.   [être fable.
Pigliar schiabbola.   Prendre sabre.

Les Turcs répètent les mêmes vers, mettant tous le sabre
à la main, et six d'entre eux dansent autour du Bourgeois,
auquel ils feignent de donner plusieurs coups de sabre.
    Le Mufti commande aux Turcs de bâtonner le Bour-
geois, et chante les paroles qui suivent :

LE MUFTI
Dara, dara,   Donner, donner...,
Bastonnara, bastonnara.   Bâtonner, bâtonner.

Les Turcs répètent les mêmes vers, et lui donnent plusieurs coups de bâton en cadence.
    Le Mufti, après l'avoir fait bâtonner, lui dit en chantant :

LE MUFTI
Non tenar honta :   Ne pas avoir honte :
Questa star ultima   Celui-ci être (le) dernier
        [affronta.   [affront.

Les Turcs répètent les mêmes vers.
    Le Mufti recommence une invocation, et se retire après
la cérémonie avec tous les Turcs, en dansant et chantant
avec plusieurs instruments à la turquesque[2].

---

1. Voir Lexique, p. 156   2. Comme il en existe chez les Turcs.

LE BOURGEOIS GENTILHÔME

La cérémonie turque.

Gravure de Brissart pour l'édition de 1682.
Photo Hachette.

ACTE V

Scène 1

MADAME JOURDAIN. Ah mon Dieu ! miséricorde ! Qu'est-ce que c'est donc que cela ? Quelle figure ! Est-ce un momon[1] que vous allez porter ; et est-il temps d'aller en masque ? Parlez donc, qu'est-ce que c'est que ceci ? Qui vous a fagoté comme cela ?

MONSIEUR JOURDAIN. Voyez l'impertinente, de parler de la sorte à un *Mamamouchi* !

MADAME JOURDAIN. Comment donc ?

MONSIEUR JOURDAIN. Oui, il me faut porter du respect maintenant, et l'on vient de me faire *Mamamouchi*.

MADAME JOURDAIN. Que voulez-vous dire avec votre *Mamamouchi* ?

MONSIEUR JOURDAIN. *Mamamouchi*, vous dis-je. Je suis *Mamamouchi*.

MADAME JOURDAIN. Quelle bête est-ce là ?

MONSIEUR JOURDAIN. *Mamamouchi*, c'est-à-dire, en notre langue, paladin.

MADAME JOURDAIN. Baladin ! Êtes-vous en âge de danser des ballets ?

MONSIEUR JOURDAIN. Quelle ignorante ! Je dis paladin : c'est une dignité dont on vient de me faire la cérémonie.

---

1. Défi que se jetaient aux dés, en temps de carnaval, des joueurs masqués. (J.M.)

MADAME JOURDAIN. Quelle cérémonie donc ?

MONSIEUR JOURDAIN. *Mahametta per Iordina.*

MADAME JOURDAIN. Qu'est-ce que cela veut dire ?

MONSIEUR JOURDAIN. *Iordina,* c'est-à-dire Jourdain.

MADAME JOURDAIN. Hé bien ! quoi, Jourdain ?

MONSIEUR JOURDAIN. *Voler far un Paladina de Iordina.*

MADAME JOURDAIN. Comment ?

MONSIEUR JOURDAIN. *Dar turbanta con galera.*

MADAME JOURDAIN. Qu'est-ce à dire cela ?

MONSIEUR JOURDAIN. *Per deffender Palestina.*

MADAME JOURDAIN. Que voulez-vous donc dire ?

MONSIEUR JOURDAIN. *Dara dara bastonara.*

MADAME JOURDAIN. Qu'est-ce donc que ce jargon-là ?

MONSIEUR JOURDAIN. *No tener honta : questa star l'ultima affronta.*

MADAME JOURDAIN. Qu'est-ce que c'est donc que tout cela ?

MONSIEUR JOURDAIN *danse et chante.* Hou la ba, ba la chou, ba la ba, ba la da.

MADAME JOURDAIN. Hélas, mon Dieu ! mon mari est devenu fou.

MONSIEUR JOURDAIN, *sortant.* Paix ! insolente, portez respect à monsieur le *Mamamouchi.*

MADAME JOURDAIN. Où est-ce qu'il a donc perdu l'esprit ? Courons l'empêcher de sortir. *(Apercevant Dorimène et Dorante.)* Ah, ah, voici justement le reste de notre écu[1]. Je ne vois que chagrin de tous les côtés.

Elle sort.

Scène 2

DORANTE, DORIMÈNE

DORANTE. Oui, madame, vous verrez la plus plaisante chose qu'on puisse voir ; et je ne crois pas que dans

---

1. Voir Lexique, p. 156.

tout le monde il soit possible de trouver encore un homme aussi fou que celui-là. Et puis, madame, il faut tâcher de servir l'amour de Cléonte, et d'appuyer toute sa mascarade : c'est un fort galant homme, et qui mérite que l'on s'intéresse pour lui.

DORIMÈNE. J'en fais beaucoup de cas, et il est digne d'une bonne fortune.

DORANTE. Outre cela, nous avons ici, madame, un ballet qui nous revient[1], que nous ne devons pas laisser perdre, et il faut bien voir si mon idée pourra réussir.

DORIMÈNE. J'ai vu là des apprêts magnifiques, et ce sont des choses, Dorante, que je ne puis plus souffrir. Oui, je veux enfin vous empêcher[2] vos profusions, et, pour rompre le cours à toutes les dépenses que je vous vois faire pour moi, j'ai résolu de me marier promptement avec vous : c'en est le vrai secret[3], et toutes ces choses finissent avec le mariage.

DORANTE. Ah ! madame, est-il possible que vous ayez pu prendre pour moi une si douce résolution ?

DORIMÈNE. Ce n'est que pour vous empêcher de vous ruiner ; et, sans cela, je vois bien qu'avant qu'il fût peu, vous n'auriez pas un sou.

DORANTE. Que j'ai d'obligation, madame, aux soins que vous avez de conserver mon bien ! Il est entièrement à vous, aussi bien que mon cœur, et vous en userez de la façon qu'il vous plaira.

DORIMÈNE. J'userai bien de tous les deux. Mais voici votre homme ; la figure[4] en est admirable.

---

1. Le ballet que l'entrée de Madame Jourdain à l'acte IV n'a pas permis de représenter.   2. « Vous les épargner », ou « les empêcher » (sans le pronom « vous »).   3. Le vrai remède.   4. Voir Lexique, p. 156.

Scène 3

MONSIEUR JOURDAIN, DORANTE, DORIMÈNE

DORANTE. Monsieur, nous venons rendre hommage, Madame et moi, à votre nouvelle dignité, et nous réjouir avec vous du mariage que vous faites de votre fille avec le fils du Grand Turc.

MONSIEUR JOURDAIN, *après avoir fait les révérences à la turque.* Monsieur, je vous souhaite la force des serpents et la prudence des lions.

DORIMÈNE. J'ai été bien aise d'être des premières, monsieur, à venir vous féliciter du haut degré de gloire où vous êtes monté.

MONSIEUR JOURDAIN. Madame, je vous souhaite toute l'année votre rosier fleuri ; je vous suis infiniment obligé de prendre part aux honneurs qui m'arrivent, et j'ai beaucoup de joie de vous voir revenue ici pour vous faire les très humbles excuses de l'extravagance de ma femme.

DORIMÈNE. Cela n'est rien, j'excuse en elle un pareil mouvement ; votre cœur lui doit être précieux, et il n'est pas étrange que la possession d'un homme comme vous puisse inspirer quelques alarmes.

MONSIEUR JOURDAIN. La possession de mon cœur est une chose qui vous est toute acquise.

DORANTE. Vous voyez, madame, que monsieur Jourdain n'est pas de ces gens que les prospérités aveuglent, et qu'il sait, dans sa gloire, connaître encore ses amis.

DORIMÈNE. C'est la marque d'une âme tout à fait généreuse [1].

DORANTE. Où est donc Son Altesse Turque ? Nous voudrions bien, comme vos amis, lui rendre nos devoirs.

MONSIEUR JOURDAIN. Le voilà qui vient, et j'ai envoyé quérir ma fille pour lui donner la main.

---

1. Donc bien née, et noble, digne d'un véritable gentilhomme.

Scène 4

CLÉONTE, *habillé en Turc,* COVIELLE, *déguisé,*
MONSIEUR JOURDAIN, DORIMÈNE, DORANTE

DORANTE, *à Cléonte.* Monsieur, nous venons faire la
révérence à Votre Altesse, comme amis de monsieur votre beau-père, et l'assurer avec respect de
nos très humbles services.

MONSIEUR JOURDAIN. Où est le truchement[1] pour lui
dire qui vous êtes, et lui faire entendre ce que vous
dites ? Vous verrez qu'il vous répondra, et il parle
turc à merveille. Holà ! où diantre est-il allé ? *(À
Cléonte.) Strouf, strif, strof, straf.* Monsieur est un
grande Segnore, grande Segnore, grande Segnore ; et
madame une *granda Dama, granda Dama. Ahi,* lui,
monsieur, lui *Mamamouchi* français, et madame
Mamamouchie française : je ne puis pas parler plus
clairement. Bon, voici l'interprète. Où allez-vous
donc ? nous ne saurions rien dire sans vous. Dites-
lui un peu que monsieur et madame sont des personnes de grande qualité, qui lui viennent faire la
révérence, comme mes amis, et l'assurer de leurs
services. Vous allez voir comme il va répondre.

COVIELLE. *Alabala crociam acci boram alabamen.*

CLÉONTE. *Catalequi tubal ourin soter amalouchan.*

MONSIEUR JOURDAIN. Voyez-vous.

COVIELLE. Il dit que la pluie des prospérités arrose en
tout temps le jardin de votre famille !

MONSIEUR JOURDAIN. Je vous l'avais bien dit, qu'il parle
turc.

DORANTE. Cela est admirable.

---

1. Voir Lexique, p. 158.

Scène 5

LUCILE, MONSIEUR JOURDAIN, DORANTE, DORIMÈNE, CLÉONTE, COVIELLE

MONSIEUR JOURDAIN. Venez, ma fille, approchez-vous et venez donner votre main à monsieur, qui vous fait l'honneur de vous demander en mariage.

LUCILE. Comment, mon père, comme vous voilà fait ! est-ce une comédie que vous jouez ?

MONSIEUR JOURDAIN. Non, non, ce n'est pas une comédie, c'est une affaire sérieuse, et la plus pleine d'honneur pour vous qui se peut souhaiter. Voilà le mari que je vous donne.

LUCILE. À moi, mon père !

MONSIEUR JOURDAIN. Oui, à vous : allons, touchez[1]-lui dans la main, et rendez grâce au Ciel de votre bonheur.

LUCILE. Je ne veux point me marier.

MONSIEUR JOURDAIN. Je le veux, moi qui suis votre père.

LUCILE. Je n'en ferai rien.

MONSIEUR JOURDAIN. Ah ! que de bruit ! Allons, vous dis-je. Çà, votre main.

LUCILE. Non, mon père, je vous l'ai dit, il n'est point de pouvoir qui me puisse obliger à prendre un autre mari que Cléonte ; je me résoudrai plutôt à toutes les extrémités, que de... *(Reconnaissant Cléonte.)* Il est vrai que vous êtes mon père, je vous dois entière obéissance, et c'est à vous à disposer de moi selon vos volontés.

MONSIEUR JOURDAIN. Ah ! je suis ravi de vous voir si promptement revenue dans votre devoir, et voilà qui me plaît, d'avoir une fille obéissante.

---

1. Voir Lexique, p. 158.

Scène 6

MADAME JOURDAIN, MONSIEUR JOURDAIN, CLÉONTE,
LUCILE, DORANTE, DORIMÈNE, COVIELLE

MADAME JOURDAIN. Comment donc ? qu'est-ce que c'est
que ceci ? On dit que vous voulez donner votre fille
en mariage à un carême-prenant[1] ?

MONSIEUR JOURDAIN. Voulez-vous vous taire, impertinente ? Vous venez toujours mêler vos extrava-
gances à toutes choses, et il n'y a pas moyen de
vous apprendre à être raisonnable.

MADAME JOURDAIN. C'est vous qu'il n'y a pas moyen de
rendre sage, et vous allez de folie en folie. Quel
est votre dessein, et que voulez-vous faire avec cet
assemblage ?

MONSIEUR JOURDAIN. Je veux marier notre fille avec le
fils du Grand Turc.

MADAME JOURDAIN. Avec le fils du Grand Turc !

MONSIEUR JOURDAIN. Oui, faites-lui faire vos compliments par le truchement que voilà.

MADAME JOURDAIN. Je n'ai que faire du truchement, et
je lui dirai bien moi-même à son nez qu'il n'aura
point ma fille.

MONSIEUR JOURDAIN. Voulez-vous vous taire, encore
une fois ?

DORANTE. Comment, madame Jourdain, vous vous
opposez à un bonheur comme celui-là ? Vous refu-
sez Son Altesse Turque pour gendre ?

MADAME JOURDAIN. Mon Dieu, monsieur, mêlez-vous
de vos affaires.

DORIMÈNE. C'est une grande gloire, qui n'est pas à
rejeter.

MADAME JOURDAIN. Madame, je vous prie aussi de ne
vous point embarrasser de ce qui ne vous touche
pas[2].

---

1. Voir la note 1 de la page 58, sur « carême-prenant » et Lexique, p. 156.
Ici, le mot signifie « personne masquée pendant le carnaval ».   2. Qui ne
vous concerne pas.

DORANTE. C'est l'amitié que nous avons pour vous qui nous fait intéresser dans vos avantages [1].

MADAME JOURDAIN. Je me passerai bien de votre amitié.

DORANTE. Voilà votre fille qui consent aux volontés de son père.

MADAME JOURDAIN. Ma fille consent à épouser un Turc ?

DORANTE. Sans doute.

MADAME JOURDAIN. Elle peut oublier Cléonte ?

DORANTE. Que ne fait-on pas pour être grand-dame ?

MADAME JOURDAIN. Je l'étranglerais de mes mains, si elle avait fait un coup comme celui-là.

MONSIEUR JOURDAIN. Voilà bien du caquet. Je vous dis que ce mariage-là se fera.

MADAME JOURDAIN. Je vous dis, moi, qu'il ne se fera point.

MONSIEUR JOURDAIN. Ah ! que de bruit !

LUCILE. Ma mère.

MADAME JOURDAIN. Allez, vous êtes une coquine.

MONSIEUR JOURDAIN. Quoi ? vous la querellez de ce qu'elle m'obéit ?

MADAME JOURDAIN. Oui : elle est à moi aussi bien qu'à vous.

COVIELLE. Madame.

MADAME JOURDAIN. Que me voulez-vous conter, vous ?

COVIELLE. Un mot.

MADAME JOURDAIN. Je n'ai que faire de votre mot.

COVIELLE, *à M. Jourdain.* Monsieur, si elle veut écouter une parole en particulier, je vous promets de la faire consentir à ce que vous voulez.

MADAME JOURDAIN. Je n'y consentirai point.

COVIELLE. Écoutez-moi seulement.

MADAME JOURDAIN. Non.

MONSIEUR JOURDAIN. Écoutez-le.

MADAME JOURDAIN. Non, je ne veux pas écouter.

MONSIEUR JOURDAIN. Il vous dira...

MADAME JOURDAIN. Je ne veux point qu'il me dise rien.

---

1. Qui fait que nous prenons intérêt à ce qui vous arrive d'avantageux.

MONSIEUR JOURDAIN. Voilà une grande obstination de femme ! Cela vous fera-t-il mal de l'entendre ?

COVIELLE. Ne faites que m'écouter ; vous ferez après ce qu'il vous plaira.

MADAME JOURDAIN. Hé bien ! quoi ?

COVIELLE, *à part*. Il y a une heure, madame, que nous vous faisons signe. Ne voyez-vous pas bien que tout ceci n'est fait que pour nous ajuster [1] aux visions de votre mari, que nous l'abusons sous ce déguisement, et que c'est Cléonte lui-même qui est le fils du Grand Turc ?

MADAME JOURDAIN. Ah ! ah !

COVIELLE. Et moi Covielle qui suis le truchement ?

MADAME JOURDAIN. Ah ! comme cela, je me rends.

COVIELLE. Ne faites pas semblant de rien.

MADAME JOURDAIN, *haut*. Oui, voilà qui est fait, je consens au mariage.

MONSIEUR JOURDAIN. Ah ! voilà tout le monde raisonnable. Vous ne vouliez pas l'écouter. Je savais bien qu'il vous expliquerait ce que c'est que le fils du Grand Turc.

MADAME JOURDAIN. Il me l'a expliqué comme il faut, et j'en suis satisfaite. Envoyons quérir [2] un notaire.

DORANTE. C'est fort bien dit. Et afin, madame Jourdain, que vous puissiez avoir l'esprit tout à fait content, et que vous perdiez aujourd'hui toute la jalousie que vous pourriez avoir conçue de monsieur votre mari, c'est que nous nous servirons du même notaire pour nous marier, Madame et moi.

MADAME JOURDAIN. Je consens aussi à cela.

MONSIEUR JOURDAIN, *bas, à Dorante*. C'est pour lui faire accroire ?

DORANTE, *bas, à M. Jourdain*. Il faut bien l'amuser [3] avec cette feinte.

MONSIEUR JOURDAIN. Bon, bon. *(Haut.)* Qu'on aille vite quérir le notaire.

---

1. « S'ajuster : se conformer » (Richelet).   2. Envoyons chercher, faisons venir.   3. « Amuser : entretenir quelqu'un afin de le tromper » (Richelet).

DORANTE. Tandis qu'il viendra, et qu'il dressera les contrats, voyons notre ballet, et donnons-en le divertissement à Son Altesse Turque.

MONSIEUR JOURDAIN. C'est fort bien avisé : allons prendre nos places.

MADAME JOURDAIN. Et Nicole ?

MONSIEUR JOURDAIN. Je la donne au truchement ; et ma femme à qui la voudra.

COVIELLE. Monsieur, je vous remercie. *(À part.)* Si l'on en peut voir un plus fou, je l'irai dire à Rome. [1]

La comédie finit par un petit ballet qui avait été préparé.

---

1. « Si vous faites cela, je l'irai dire à Rome : c'est une espèce de défi » (Furetière).

Ballet des Nations

PREMIÈRE ENTRÉE

Un homme vient donner les livres [1] du ballet, qui d'abord est fatigué par une multitude de gens de provinces différentes, qui crient en musique pour en avoir, et par trois importuns, qu'il trouve toujours sur ses pas.

DIALOGUE DES GENS
qui en musique demandent des livres

TOUS.
À moi, Monsieur, à moi de grâce, à moi,
                                    [Monsieur :
Un livre, s'il vous plaît, à votre serviteur.

HOMME DU BEL AIR [2].
Monsieur, distinguez-nous parmi les gens qui
                                    [crient.
Quelques livres ici, les Dames vous en prient.

---

1. Les livrets où sont imprimés les vers composés « pour expliquer le caractère ou l'action des personnes qui dansent » (Furetière) dans le ballet.
2. Quelqu'un qui prétend se distinguer par l'élégance de ses manières.

AUTRE HOMME DU BEL AIR.

> Holà ! Monsieur, Monsieur, ayez la charité
> D'en jeter de notre côté.

FEMME DU BEL AIR.

> Mon Dieu ! qu'aux personnes bien faites
> On sait peu rendre honneur céans.

AUTRE FEMME DU BEL AIR.

> Ils n'ont des livres et des bancs
> Que pour Mesdames les grisettes[1].

TEXTE	TRADUCTION

GASCON.

Aho ! l'homme aux libres,	Hé ! l'homme aux livres,
[qu'on m'en vaille !	[qu'on m'en baille !
J'ai déjà lé poumon usé.	J'ai déjà le poumon usé.
Bous boyez qué chacun mé	Vous voyez que chacun me
[raille ;	[raille ;
Et jé suis escandalisé	Et je suis scandalisé
De boir és mains dé la	De voir dans les mains de la
[canaille	[canaille
Cé qui m'est par bous refusé.	Ce qui m'est par vous refusé.

AUTRE GASCON.

Eh cadédis ! Monseu, boyez	Eh par la tête de Dieu !
[qui l'on pût estre :	[Monsieur, voyez qui l'on
	[peut bien être :
Un libret, je bous prie, au	Un livret, je vous prie, au
[varon d'Asbarat.	[baron d'Asvarat.
Jé pense, mordy, qué lé fat	Je pense, mordieu, que le
	[fat
N'a pas l'honnur dé mé	N'a pas l'honneur de me
[connoistre.	[connaître.

---

1. « Grisette : jeune fille qui ne porte point de jupe ni de robe de taffetas, et par conséquent n'a nulle qualité » (Richelet) : entendons une jeune fille de modeste condition. « Femme ou fille jeune », dit de son côté Furetière, « vêtue de gris. On le dit par mépris de toutes celles qui sont de basse condition, de quelque étoffe qu'elles soient vêtues ».

LE SUISSE.

Mon'-sieur le donneur de   Monsieur, le donneur de
      [papieir,   [papier,
Que veul dir sty façon de   Que veut dire cette façon de
      [fifre ?   [vivre ?
Moy l'écorchair tout mon   Moi, j'écorche tout mon
      [gosieir   [gosier
A crieir,   À crier,
Sans que je pouvre afoir ein   Sans que je puisse avoir un
      [lifre :   [livre :
Pardy, mon foy ! Mon'-   Pardieu, ma foi ! Monsieur,
[sieur, je pense fous l'estre ifre. [je pense que vous êtes ivre.

VIEUX BOURGEOIS BABILLARD.

De tout ceci, franc et net,
Je suis mal satisfait ;
Et cela sans doute est laid,
Que notre fille,
Si bien faite et si gentille,
De tant d'amoureux l'objet,
N'ait pas à son souhait
Un livre de ballet,
Pour lire le sujet
Du divertissement qu'on fait,
Et que toute notre famille
Si proprement s'habille,
Pour être placée au sommet
De la salle, où l'on met
Les gens de Lantriguet :
De tout ceci, franc et net,
Je suis mal satisfait,
Et cela sans doute est laid.

VIEILLE BOURGEOISE BABILLARDE.

Il est vrai que c'est une honte,
Le sang au visage me monte,
Et ce jeteur de vers qui manque au capital

L'entend fort mal ;
C'est un brutal,
Un vrai cheval,
Franc animal,
De faire si peu de compte
D'une fille qui fait l'ornement principal
Du quartier du Palais-Royal,
Et que ces jours passés un comte
Fut prendre la première au bal.
Il l'entend mal ;
C'est un brutal,
Un vrai cheval,
Franc animal.

HOMMES ET FEMMES DU BEL AIR.
Ah ! quel bruit !
    Quel fracas !
       Quel chaos !
          Quel mélange !
Quelle confusion !
     Quelle cohue étrange !
Quel désordre !
    Quel embarras !
On y sèche.
    L'on n'y tient pas.

TEXTE	TRADUCTION
GASCON.	
Bentre ! jé suis à vout.	Ventre ! je suis à bout.
AUTRE GASCON.	
J'enrage, Diou mé damne !	J'enrage, Dieu me damne !
SUISSE.	
Ah que ly faire saif dans sty [sal de cians !	Ah ! qu'il fait soif dans cette [salle de céans !

GASCON.
  Jé murs.   Je meurs.

AUTRE GASCON..
     Jé perds la   Je perds la
      [tramontane.   [tramontane.

SUISSE.
  Mon foy ! moy le foudrois   Ma foi ! Moi, je voudrais
    [estre hors de dedans.   [être dehors.

VIEUX BOURGEOIS BABILLARD.
  Allons, ma mie,
  Suivez mes pas,
  Je vous en prie,
  Et ne me quittez pas :
  On fait de nous trop peu de cas,
  Et je suis las
  De ce tracas :
  Tout ce fatras,
  Cet embarras
  Me pèse par trop sur les bras,
  S'il me prend jamais envie
  De retourner de ma vie
  À ballet ni comédie,
  Je veux bien qu'on m'estropie.
  Allons, ma mie,
  Suivez mes pas,
  Je vous en prie,
  Et ne me quittez pas :
  On fait de nous trop peu de cas.

VIEILLE BOURGEOISE BABILLARDE.
  Allons, mon mignon, mon fils,
  Regagnons notre logis,
  Et sortons de ce taudis,
  Où l'on ne peut être assis :
  Ils seront bien ébaubis
  Quand ils nous verront partis.

Trop de confusion règne dans cette salle,
Et j'aimerais mieux être au milieu de la Halle.
Si jamais je reviens à semblable régale,
Je veux bien recevoir des soufflets plus de six.
Allons, mon mignon, mon fils,
Regagnons notre logis,
Et sortons de ce taudis,
Où l'on ne peut être assis.

Tous.
À moi, Monsieur, à moi de grâce, à moi, Monsieur :
Un livre s'il vous plaît, à votre serviteur.

SECONDE ENTRÉE

Les trois importuns dansent.

TROISIÈME ENTRÉE

TROIS MUSICIENS ESPAGNOLS

TEXTE	TRADUCTION
Sé que me muero de amor,	Je sais que je me meurs [d'amour,
Y solicito el dolor.	Et je recherche la douleur.
Aun muriendo de querer,	Quoique mourant de désir,
De tan buen ayre adolezco,	Je dépéris de si bon air,
Que es màs de lo que [padezco	Que ce que je désire souffrir
Lo que quiero padecer,	Est plus que ce que je [souffre,
Y no pudiendo exceder	Et la rigueur de mon mal
A mi deseo el rigor.	Ne peut excéder mon désir.
Sé que me muero de amor,	Je sais que je meurs [d'amour,

Y solicito el dolor. Et je recherche la douleur.
Lisonxèame la suerte Le sort me flatte
Con piedad tan advertida, Avec une pitié si attentive,
Que me asegura la vida Qu'il m'assure la vie
En el riesgo de la muerte. Dans le danger de la mort.
Vivir de su golpe fuerte Vivre d'un coup si fort
Es de mi salud primor. Est le prodige de mon salut.
Sé que, etc. Je sais, etc.

Six Espagnols dansent.

TROIS ESPAGNOLS *chantent.*

¡Ay ! qué locura, con tanto Ah ! quelle folie, de se
             [rigor   [plaindre
Quexarse de Amor, De l'Amour avec tant de
                        [rigueur,
Del niño bonito De l'enfant gentil
Que todo es dulçura ! Qui est la douceur même !
¡Ay ! qué locura ! Ah ! quelle folie !
¡Ay ! qué locura ! Ah ! quelle folie !

ESPAGNOL *chantant.*

El dolor solicita La douleur tourmente
El que al dolor se da ; Celui qui s'abandonne à
                    [la douleur ;
Y nadie de amor muere, Et personne ne meurt
                      [d'amour,
Sino quien no save amar. Si ce n'est celui qui ne sait
                    [pas aimer.

DEUX ESPAGNOLS.

Dulce muerte es el amor L'amour est une douce
                    [mort
Con correspondencia Quand on est payé de
             [ygual ;   [retour ;
Y si ésta gozamos oy, Et si nous en jouissons
                    [aujourd'hui,
Porque la quieres turbar ? Pourquoi la veux-tu
                    [troubler ?

Un Espagnol.
Alégrese enamorado,   Que l'amant se réjouisse,
Y tome mi parecer ;   Et adopte mon avis ;
Que en esto de querer ;   Car, lorsqu'on désire,
Todo es hallar el vado.   Tout est de trouver le
         [moyen.

Tous trois *ensemble.*
¡Vaya, vaya de fiestas !   Allons, allons, des fêtes !
¡Vaya de vayle !   Allons, de la danse !
Alegría, alegría, alegría !   Gai, gai, gai !
Que esto de dolor es   La douleur n'est qu'une
      [fantasía.   [fantaisie.

QUATRIÈME ENTRÉE

ITALIENS

Une musicienne italienne *fait le premier récit,*
dont voici les paroles :

TEXTE	TRADUCTION
Di rigori armata il seno,	Ayant armé mon sein de [rigueurs,
Contro amor mi ribellai ;	Je me révoltai contre [l'amour ;
Ma fui vinta in un baleno	Mais je fus vaincue en un [éclair
In mirar duo vaghi rai ;	En regardant deux beaux [yeux ;
Ahi ! che resiste puoco	Ah ! qu'un cœur de glace
Cor di gelo a stral di fuoco !	Résiste peu à une flèche de [feu !
Ma si càro è'l mio [tormento,	Cependant mon tourment [m'est si cher,

Dolce è sì la piaga mia,	Et ma plaie est si douce,
Ch'il penare è'l mio	Que ma peine fait mon
[contento,	*[bonheur,*
E'l sanarmi è tirannia,	Et que me guérir serait une
	[tyrannie.
Ahi ! che più giova e piace,	Ah ! plus l'amour est vif,
Quanto amor è più vivace !	Plus il a de charmes et cause
	[de plaisir !

Après l'air que la musicienne a chanté, deux Scaramouches, deux Trivelins, et un Arlequin [1] représentent une nuit à la manière des comédiens italiens, en cadence.

(Un musicien italien se joint à la musicienne italienne, et chante avec elle les paroles qui suivent :)

LE MUSICIEN ITALIEN.

Bel tempo che vola	Le beau temps qui s'envole
Rapisce il contento ;	Emporte le plaisir ;
D'Amor nella scola	À l'école d'Amour
Si coglie il momento.	On cueille le moment.

LA MUSICIENNE.

Insin che florida	Tant que l'âge en fleur
Ride l'età,	Nous rit,
Che pur tropp' orrida	L'âge qui trop
	[promptement, hélas !

(Bis)

Da noi sen và,	S'éloigne de nous,

TOUS DEUX.

Sù cantiamo,	Chantons,
Sù godiamo	Jouissons
Ne' bei dì di gioventù :	Dans les beaux jours de la
	[jeunesse :
Perduto ben non si	Un bien perdu ne se
[racquista più.	*[recouvre plus.*

---

1. Scaramouche, Trivelin, Arlequin : célèbres acteurs et types de la *commedia dell'arte* italienne.

MUSICIEN.
Pupilla che vaga   Un œil dont la beauté
Mill' alme incatena   Enchaîne mille cœurs
Fà dolce la piaga,   Fait douce la plaie,
Felice la pena.   Le mal qu'il cause est un
                                                  [bonheur.

MUSICIENNE.
Ma poiche frigida   Mais quand languit
Langue l'età,   L'âge glacé,
Più l'alma rigida   L'âme engourdie
                      (Bis)
Fiamme non ha.   N'a plus de feu.

TOUS DEUX.
Sù cantiamo, etc.   Chantons, etc.

Après le dialogue italien, les Scaramouches et Trivelins
dansent une réjouissance.

CINQUIÈME ENTRÉE

FRANÇAIS

PREMIER MENUET

DEUX MUSICIENS POITEVINS *dansent, et chantent les paroles
qui suivent :*
    Ah ! qu'il fait beau dans ces bocages !
    Ah ! que le ciel donne un beau jour !

AUTRE MUSICIEN.
    Le rossignol, sous ces tendres feuillages,
    Chante aux échos son doux retour :
    Ce beau séjour,
    Ces doux ramages,
    Ce beau séjour
    Nous invite à l'amour.

SECOND MENUET

Tous DEUX ensemble.

Vois, ma Climène,
Vois sous ce chêne
S'entre-baiser ces oiseaux amoureux ;
Ils n'ont rien dans leurs vœux
Qui les gêne ;
De leurs doux feux
Leur âme est pleine.
Qu'ils sont heureux !
Nous pouvons tous deux,
Si tu le veux,
Être comme eux.

Six autres Français viennent après, vêtus galamment à la poitevine, trois en hommes et trois en femmes, accompagnés de huit flûtes et de hautbois, et dansent les menuets.

SIXIÈME ENTRÉE

Tout cela finit par le mélange des trois nations, et les applaudissements en danse et en musique de toute l'assistance, qui chante les deux vers qui suivent :

Quels spectacles charmants, quels plaisirs goûtons-
[nous !
Les dieux mêmes, les dieux n'en ont point de plus
[doux.

DOSSIER

COMMENTAIRES

Analyse du Bourgeois gentilhomme

L'action se déroule dans la demeure d'un riche bourgeois, et plus précisément dans une salle de réception située au premier étage de cette demeure. Le décor comporte une *ferme*, c'est-à-dire un double châssis coulissant permettant d'agrandir la surface de la scène quand il en est besoin (ici pour la turquerie de la fin du quatrième acte et pour le Ballet des Nations qui termine le spectacle).

LA COMÉDIE DES MAÎTRES

ACTE PREMIER. C'est le matin. Chanteurs, danseurs et musiciens mettent la dernière main aux divertissements préparés pour le riche bourgeois qui les paie. Un élève du Maître de musique fredonne, en achevant de le composer, l'air de sérénade « Je languis nuit et jour... » qui sera tout à l'heure interprété par un musicien devant le maître de la maison. Aux premières répliques de la première scène, le Maître de musique examine la partition et témoigne sa satisfaction. La comédie se poursuit avec le dialogue du Maître à danser et du Maître de musique : premier portrait de M. Jourdain, « bourgeois ignorant » qui se veut « gentilhomme » et « galant », autrement dit de noble souche et possédant toutes les qualités permettant de plaire à la Cour : ridicules que n'a point Dorante, le « grand seigneur qui les a introduits » chez M. Jourdain. Mais Dorante n'a pas d'argent et M. Jourdain en a beaucoup (sc. 1). La suite de l'acte

comporte des moments de pure comédie où M. Jourdain vante les vêtements qu'il porte et ceux qu'il se
fait faire (le spectateur ne verra ceux-ci qu'à la fin de
la comédie des maîtres qui se poursuivra pendant tout
le deuxième acte), et annonce l'arrivée de son Maître
d'armes et du Maître de philosophie, occasion pour
les premiers maîtres de vanter leurs arts, aux dépens
de ceux des autres. Le divertissement trouve sa place
dans cette scène où un musicien interprète l'air « Je
languis... » auquel M. Jourdain ajoute la plaisante
chanson de Jeanneton et qui se termine par un dialogue pastoral en musique (sc. 2).

ACTE II. L'intermède dansé, dépourvu de thèmes
mais d'intérêt pédagogique et technique, constitue
une transition naturelle entre l'acte où l'on a
commencé à divertir le bourgeois et celui où on est
censé l'instruire. Mais, avant que ne commencent les
leçons, M. Jourdain a le temps d'évoquer « la personne pour qui il a fait faire tout cela » et qui doit
« dîner céans » ce même jour, cette « marquise [...] qui
s'appelle Dorimène » et en l'honneur de laquelle,
après avoir dansé le célèbre menuet, M. Jourdain
apprend à faire la révérence (sc. 1). M. Jourdain se
donne une troisième fois en spectacle en ferraillant
avec le Maître d'armes. Sur quoi une discussion
s'élève entre les deux premiers maîtres et le troisième ; le ton monte, on va en venir aux mains (sc. 2),
et l'arrivée du Maître de philosophie, qui tente d'apaiser la querelle en évoquant le *De ira* de Sénèque, ne
fait que l'envenimer, les trois autres se retournant
contre lui (sc. 3). La bataille s'achève et M. Jourdain
prend sa première leçon de « philosophie », c'est-à-
dire ici d'alphabet, à la fin de laquelle une troisième
référence est faite à la marquise Dorimène, à l'occasion du billet galant que M. Jourdain veut lui offrir
(sc. 4). Tous ces maîtres sortis, le deuxième acte se
termine avec la scène du Maître tailleur, le plus
important de tous, puisqu'il est le maître du paraître :

occasion d'une discussion où revient le thème de l'exploitation de M. Jourdain par ceux qui sont censés le servir, et de divertissements dont l'un est présenté comme « préparé » (l'habillement « en cadence ») et l'autre comme improvisé (la danse des garçons tailleurs qui manifestent leur joie d'avoir reçu de l'argent) entre lesquels s'intercale le ballet de paroles du pourboire (sc. 5).

LA COMÉDIE DOMESTIQUE

ACTE III. Avant de sortir pour « aller montrer son habit par la ville » (sc. 1), M. Jourdain rencontre deux personnages qui n'ont pas encore été évoqués : la servante Nicole, qui n'interrompt le fou rire que lui inspire la tenue de son maître que pour dire le mal qu'elle pense de la « compagnie qui doit venir tantôt » (sc. 2), Mme Jourdain, qui se joint à elle pour stigmatiser la conduite de son époux alors qu'il devrait songer à marier sa fille. La défense de M. Jourdain constitue un écho burlesque des leçons qu'il a prises avec le Maître de philosophie et le Maître d'armes. Il est plus embarrassé pour justifier sa complaisance envers « ce beau monsieur le comte » (sc. 3). Celui-ci apparaît justement : déjà débiteur de M. Jourdain, il demande et obtient une rallonge, malgré les protestations de Mme Jourdain. Un aparté entre M. Jourdain et Dorante informe le spectateur de l'existence d'un lien entre Dorante et Dorimène : Nicole a surpris les derniers mots de l'entretien (sc. 4-6). Les deux hommes sortis, Mme Jourdain et Nicole évoquent le double mariage envisagé de Cléonte et de son valet Covielle (dont c'est la première mention) avec « Mlle Jourdain », Lucile, et Nicole elle-même. Mme Jourdain charge Nicole de pousser Cléonte à faire sa demande auprès de son mari (sc. 7). Cette demande n'interviendra — pour échouer d'ailleurs, Cléonte n'étant pas gentilhomme — qu'après une comédie intérieure de dépit amoureux à quatre personnages (sc. 8-12). Après l'échec de la demande de Cléonte, l'idée vient à Covielle de faire passer son maître pour grand seigneur auprès de M. Jourdain : c'est l'annonce de la turquerie de l'acte IV (sc. 13). Le retour de Dorante accompagné de Dorimène permet d'informer le spectateur de l'amour du premier pour la seconde, de la double feinte de Dorante auprès de celle qu'il aime (il lui fait croire que c'est lui qui la reçoit et qui la comble de présents) et de M. Jourdain (qui croit que Dorante favorise sa passion pour elle). Un écho est encore donné ici de la comédie des maîtres, avec la révérence de M. Jourdain à Dorimène (sc. 14-16).

ACTE IV. Le festin attendu est l'occasion du troisième intermède, la danse des cuisiniers, justifiée par la nécessité de transformer certains éléments du décor, d'une brillante tirade de Dorante (qui veut éviter tout dialogue entre M. Jourdain et Dorimène) sur la gastronomie, et de plusieurs chansons à boire (qui ont apparemment la même fonction) (sc. 1).

Ce repas est interrompu par l'arrivée inopinée de Mme Jourdain qui pense à juste titre que son mari est amoureux mais croit, à tort, que Dorimène est sa complice et Dorante son entremetteur : ce qui justifie l'indignation de la première et la mise au point du second, acceptée de bonne foi par M. Jourdain comme une feinte, ce qu'elle n'est qu'en partie (sc. 2).

La fin de l'acte est consacrée à la préparation de la turquerie avec l'arrivée de Covielle et de Cléonte sous des déguisements turcs et, de façon plus lointaine, du dénouement, c'est-à-dire des heureux mariages attendus par les jeunes gens auxquels Dorante apportera son soutien (sc. 3-5). L'intermède de la cérémonie turque, très étoffé, fait transition avec le dernier acte.

ACTE V. Comme il l'avait fait pour les leçons des maîtres, M. Jourdain, dans un dialogue avec sa

femme, ouvre l'acte par un écho bouffon de la cérémonie turque (sc. 1). Dorante et Dorimène sont reve-
nus tous deux pour « appuyer » la « mascarade » de
Cléonte et annoncer eux-mêmes leur propre mariage
(sc. 2-4). Il ne s'agit plus que de convaincre Lucile
(qui reconnaît d'elle-même Cléonte) (sc. 5), mais
aussi Mme Jourdain (dont les réticences ne cessent
qu'après les explications en aparté de Covielle)
(sc. 6).

Il ne reste à cette famille réunie, à Dorante et à
Dorimène, mais aussi aux spectateurs invités par
Dorante et enfin au roi et à la cour, qu'à assister au
Ballet des Nations, consacré à l'éloge de la nature, de
la jeunesse et de l'amour.

Comme on le voit, la comédie du *Bourgeois gentilhomme* est construite à partir d'une intrigue de l'appa-
rence où le personnage principal prétend conquérir un
authentique titre de noblesse en même temps que le
cœur d'une femme de très haut rang ; mais ce titre est
imaginaire : M. Jourdain ne devient que *Mamamouchi*,
et cette femme en épouse un autre à sa barbe sans
même qu'il s'en rende compte. L'intrigue seconde,
en aboutissant à la constitution de trois couples
conformes aux règles sociales admises, contient l'as-
pect positif de la morale comique de Molière : tandis
que ceux qui prétendent échapper à leur véritable
condition sont condamnés à l'inefficacité, ceux qui
acceptent de demeurer ce qu'ils sont accèdent à ce
bonheur « médiocre » que toute comédie veut ensei-
gner. Mais ces deux intrigues restent liées l'une à
l'autre grâce à la comédie intérieure de la turquerie à
laquelle participent les acteurs de l'une et de l'autre.

Les personnages

Le rôle de M. Jourdain a été créé par Molière lui-
même. La tâche était lourde. Elle imposait une pré-

sence à peu près constante. Le bourgeois n'est absent de scène que pour de très courts moments, mis à part la comédie du dépit amoureux au troisième acte. Il en est de ce personnage comme de Dom Juan et d'Argan. Il se trouve au centre du réseau des actions et des rôles qu'elles impliquent. Époux et père, ses attitudes commandent en principe tout ce qui concerne la comédie familiale. Étudiant en gentilhommerie, il intervient tout au long de la comédie des maîtres. Amoureux de la marquise Dorimène, il se situe au cœur d'une intrigue galante. Spectateur privilégié des divertissements de la comédie-ballet, il voit défiler devant lui les musiciens et les danseurs participant à ces divertissements. Ces diverses constellations de personnages se recoupent les unes les autres. Ainsi, Mme Jourdain, en tant que mère, joue un rôle d'adjuvant aux amours de Lucile et de Cléonte, et en tant qu'épouse un rôle d'opposant à celles de son époux et de Dorimène. Le Maître à danser et le Maître de musique sont à la fois enseignants et organisateurs de divertissements. Rival heureux du Bourgeois dans l'intrigue galante, Dorante se fera le complice des jeunes gens dans l'organisation de la comédie turque dont la véritable conséquence sera l'heureuse issue de la comédie familiale.

La liste des « acteurs » publiée en tête de la comédie tient compte des constellations qu'on vient d'évoquer. Elle privilégie les personnages des deux intrigues amoureuses et rejette *in fine* ceux de la comédie des maîtres et ceux des divertissements. Il est vrai que ceux-ci n'ont pas la même fonction que ceux-là, ni la même épaisseur. Héros de *sketches* ou de scènes de revue satirique, les maîtres sont réduits à une attitude et à un discours sans incidence sur la suite de l'action. Quant aux danseurs et aux musiciens, s'ils entrent dans la comédie du *Bourgeois* au titre d'utilités, à la manière des laquais de M. Jourdain, ils apparaissent surtout comme interprètes spécialisés dans l'art qu'ils représentent. Leurs noms nous ont été transmis par le livret imprimé au moment de la création de l'œuvre, alors que ceux des acteurs de la comédie proprement dite n'y figurent pas et, pour plusieurs d'entre eux, ne peuvent faire l'objet que de conjectures. Nous ne nous attarderons pour l'instant que sur les personnages de la double intrigue amoureuse, dans l'ordre où les présente la liste imprimée.

MONSIEUR JOURDAIN est un personnage unique dans l'ensemble de la création moliéresque. Il représente l'absolu de la vie imaginaire. Ses prétentions à la noblesse, qui s'affirment et se précisent d'un bout à l'autre de la comédie, et qui lui inspirent ses démarches de mécène, d'amant et de père, ne trompent aucun des autres personnages de la pièce. M. Jourdain, qui en effet accomplit auprès de ses maîtres, de sa famille et de ses amis, tous les efforts correspondant aux devoirs de « son rang », se croit par là digne du respect, voire de l'admiration. Mais il est seul à le croire et ses interlocuteurs hésitent seulement entre la flatterie intéressée, la complaisance charitable et la révolte ouverte. Il faudrait peu de chose pour qu'il apparaisse comme une victime ou une dupe : mais M. Jourdain n'est pas Pourceaugnac, et Molière l'a préservé des humiliations dont il accablait le gentilhomme limousin. Il aurait pu être également une sorte de tyran domestique : Harpagon prenait volontiers ce masque devant ses enfants et ses serviteurs, et Argan le prendra quelquefois auprès de ses filles ; mais les colères de M. Jourdain ne sont guère redoutables, dans la mesure même où chacun connaît leur véritable source, qui n'est qu'imaginaire. À aucun moment le personnage n'apparaît comme doué d'une autorité véritable. Enfin M. Jourdain aurait pu n'être qu'un personnage de pure fantaisie, perdu dans les merveilleux nuages de son rêve : mais Molière a donné à son rôle le poids d'une certaine vérité humaine : M. Jourdain reste un « bon bourgeois » dans l'intimité familiale et dans le ton même des propos qu'il adresse à sa femme ou à sa servante, il sait avouer indirectement son humble origine en évoquant l'ignorance où ses parents l'ont entretenu ; il professe une admiration touchante pour le monde de la noblesse où il voudrait entrer, ce monde où l'on a un sens exquis de la beauté (celle des femmes et celle des beaux-arts), où l'on pratique les mâles vertus qu'inspire le port de l'épée, où l'on possède enfin une culture générale rendant apte à juger de tout. Ce n'est sans doute pas un hasard si l'unique gentilhomme authentique de la comédie porte le même nom que le Dorante de *La Critique de l'École des femmes*, ce noble défenseur du bon goût sans apprêt qu'incarne la poésie dramatique de Molière.

Madame Jourdain est, dans l'ensemble des personnages féminins de Molière, une figure singulière. Elle apparaît dans dix scènes sur les trente-quatre qui composent la comédie, et toujours pour s'opposer à son mari, soit en face, soit par l'énergie qu'elle emploie à repousser les avances « amicales » de Dorante, soit pour encourager les jeunes gens dans leurs amours. Ce qui fait qu'au dénouement elle a peine à comprendre pourquoi tout le monde est apparemment d'accord dans des projets qui ne devraient satisfaire entièrement personne. La postérité a admiré en elle sa santé morale, sa lucidité de bonne bourgeoise sans prétentions, et la saveur de ses propos. Dans l'univers de Molière, elle est à peu près seule à représenter la sagesse des « vieux âges » sans encourir la condamnation ou le ridicule. Cette sagesse est cependant tout d'une pièce et Mme Jourdain fait parfois songer à ces héroïnes des farces tabariniques ou des fabliaux qui tiennent tête à leurs maris et parviennent à bafouer leur autorité, au nom de principes moraux et sociaux extrêmement simples mais toujours efficaces. On ne s'étonnera pas que son rôle ait été tenu par un homme, comme l'avait été celui de

Mme Pernelle. Son créateur, Hubert, devait jouer plus tard le personnage de Philaminte. De ces trois rôles de femme interprétés par des hommes, celui de Mme Jourdain est le seul qui n'aboutisse pas, au dénouement, à une mise hors jeu.

La comédie du *Bourgeois gentilhomme* joue volontiers des contrastes : la fille née du couple central, LUCILE, ne garde que les aspects les plus fragiles et les plus convenus de la jeune première amoureuse traditionnelle. En dehors de la comédie du dépit amoureux de l'acte III, elle n'apparaît au dénouement que pour esquisser un mouvement de révolte où la Mariane du *Tartuffe* et l'Élise de *L'Avare* avaient mis, malgré leur commune timidité, plus de vigueur. Armande, l'épouse de Molière, avait accepté de tenir le rôle, moins brillant sans doute que ceux d'Elmire ou de Célimène, mais qui apporte, dans la symphonie du *Bourgeois*, une note irremplaçable. C'est le portrait d'Armande qu'esquisse Cléonte dans le dialogue avec Covielle qui ouvre la comédie du dépit.

Le rôle de la servante NICOLE était tenu par Mlle Beauval, qui venait d'entrer dans la troupe de Molière. C'est la même actrice, célèbre pour son rire, qui fut plus tard la Zerbinette des *Fourberies*. Son franc-parler, en face du maître de la maison, rappelle Dorine et annonce Toinette. Les traits de paysannerie de son langage font songer à ce que sera Martine. Mais Nicole est moins un personnage qu'un rôle. Et ce rôle est double. Dans les scènes avec M. Jourdain, sa fonction est, dans le registre plaisant, parallèle à celle qu'assume sa maîtresse dans un registre plus grave. Elle décharge ainsi Mme Jourdain d'une série d'effets comiques qui pouvaient ôter au rôle de l'épouse une partie de son mordant. Son franc-parler se trouve ainsi lié, beaucoup plus que celui de Dorine, à des effets d'équilibre et de contrepoint et ne peut être séparé de la structure d'ensemble du dialogue de

l'acte III. Aussi bien disparaît-elle à la fin de la
scène 12 de cet acte. On ne la reverra plus. Du moins
a-t-elle eu le temps de participer à la comédie du
dépit. C'est cette comédie qui justifie, comme chez la
Marinette de 1658, l'identité et le langage de paysanne de Nicole, qui prendront chez Martine une tout
autre signification. Il y permet un second effet de
contrepoint correspondant à la seconde dimension du
rôle de la servante des parents devenue suivante de
leur fille et engagée dans une aventure sentimentale
analogue à la sienne. Il reste que l'écriture du rôle, et
les références qu'il comporte aux réalités quoti-
diennes du travail de servante, donnent au personnage, le temps de quelques répliques, une relative
épaisseur.

CLÉONTE, l'amoureux honnête homme, avait pour
interprète, lors de la création, le beau Lagrange.
Celui-ci devait être à l'aise dans l'acte du dépit amoureux, où il tenait le même rôle que dans le deuxième
acte du *Tartuffe*. Il avait tenu celui de Dom Juan et
celui du Valère de *L'Avare*. L'un et l'autre exigeaient
une souplesse et une variété de registres que la comédie du *Bourgeois* l'amenait à pousser jusqu'à la caricature. Ce n'était plus le grand seigneur libertin jouant
les amoureux transis ou les dévots outrés, non plus
que le jeune seigneur endossant une défroque d'in-
tendant, mais le jeune premier véritablement déguisé
pour représenter un fantaisiste fils du Grand Turc.
Métamorphose farcesque : mais il est vraisemblable
de penser que le même acteur avait également joué le
Clitandre de *L'Amour médecin*, qui prend l'habit sug-
géré par le titre, et le Léandre du *Médecin malgré lui*,
qui paraît aux dernières scènes en apothicaire. Dans
les comédies de Molière, on ne déroge pas aux nobles
emplois en revêtant, quand l'entreprise collective
l'exige, les masques de la farce. Le personnage de
Cléonte est cependant « crédible » le temps d'une
courte scène : celle où faisant sa demande tout bonne-

ment et sans user d'intermédiaires, comme avait fait Valère dans *Le Tartuffe*, et comme fera Clitandre dans *Les Femmes savantes*, il se présente en toute franchise pour ce qu'il est, héritier d'une famille qui a peut-être accédé à la noblesse de robe, anobli sans doute lui-même par « six ans de service », mais non pas noble de souche.

COVIELLE, dont le nom est calqué sur celui d'un masque de la comédie italienne, peut rappeler à ce titre Mascarille, au moins le Mascarille de *L'Étourdi*, et annoncer Scapin. Dans les scènes de dépit, il est à Cléonte ce que Nicole est à Lucile. Mais son rôle change ensuite du tout au tout, et même son langage. Il abandonne le rôle de valet balourd et renonce au parler des Gros-René et des Pierrot pour devenir le zanni rusé et inventif que son nom faisait attendre. C'est lui qui invente, prépare et mène à son terme la « comédie » de la turquerie. Au dénouement, c'est à lui qu'il revient de convaincre Mme Jourdain de la véritable identité du « fils du Grand Turc ». Il n'est plus alors vraiment le valet de Cléonte, mais son maître dans l'art de la feinte et comme sera Scapin « homme consolatif » et propre à s'intéresser « aux affaires des jeunes gens ».

Le nom de DORANTE avait disparu de la scène moliéresque depuis *La Critique de l'École des femmes*, où le personnage ainsi nommé se faisait le défenseur du poète contre les pédants et les mijaurées. Avant *La Critique*, il avait été porté par ce chasseur un peu ridicule que le roi avait demandé à Molière d'introduire dans la comédie des *Fâcheux*. C'est un nom banal et qui, contrairement à ceux de tous les autres personnages de la pièce, n'implique ni appartenance sociale, ni caractère, ni emploi particulier. Le rôle, de toute façon, est déconcertant. Ce « beau monsieur le comte », comme dit Nicole, est tour à tour emprunteur sans vergogne, ayant devant M. Jourdain la même désinvolture supérieure que Dom Juan devant M. Dimanche, intrigant sans scrupule, trompant à la fois son bienfaiteur et sa maîtresse sur le sens et l'origine du « cadeau », c'est-à-dire du festin offert à la jeune femme chez le bourgeois, et enfin complice inattendu de Covielle et de Cléonte dans la comédie de la turquerie et ses suites. Du moins garde-t-il dans ces emplois divers la désinvolte distinction du « vrai » gentilhomme, celle de son créateur probable. La Thorillière, lui-même de noble naissance.

DORIMÈNE rappelle par son nom la coquette du *Mariage forcé*, qui n'épousait Sganarelle que pour pouvoir plus aisément se laisser courtiser par son amant. Le rôle, que tenait peut-être Mlle De Brie, n'est pourtant pas aussi négatif que l'imagine Mme Jourdain quand elle interrompt le dîner offert à la jeune femme. Elle ignore que M. Jourdain souhaite faire d'elle sa maîtresse et fournit à toutes les dépenses que Dorante « fait » pour elle. Sa situation de veuve la rend libre de ses actions comme c'était le cas pour l'héroïne de *La Veuve* de Corneille et pour la Célimène du *Misanthrope*. Elle évoque à l'acte III un possible mariage avec Dorante et déclare enfin à l'acte IV qu'elle a « résolu » de l'épouser pour l'empêcher, dit-elle, de se ruiner. Ainsi la morale est-elle sauve, au prix de menues invraisemblances.

Les maîtres de M. Jourdain dont le rôle est réduit aux scènes des deux premiers actes n'ont pas, à beaucoup près, la complexité des personnages de la comédie domestique. Ils ont cependant des fonctions précises : entretenir le héros dans ses « visions de noblesse et de galanterie » (I, 1) et l'amener à plaisamment réagir aux savants propos qu'ils tiennent en sa présence. Leurs langages constituent d'autre part autant de pastiches des jargons de spécialités, genre littéraire qu'autorisait dans la tradition, dès la Renaissance, la présence du docteur ridicule et du soldat fanfaron, et que Molière avait lui-même pratiqué dans *Le Mariage forcé* ou *L'Amour médecin*. Le plus important de ces maîtres, le philosophe, qu'interprétait l'acteur Du Croisy, un des meilleurs comiques de la troupe, fait précisément penser aux savants consultés par Sganarelle dans *Le Mariage forcé*. Enfin ces personnages sont aussi peu sereins que voudrait l'être leur doctrine : leur combat de paroles et de poings en témoigne pleinement.

Ce combat où les répliques s'organisent selon l'ordre géométrique du ballet de paroles est comme l'image, au début de la comédie, de la première entrée du Ballet des Nations qui la termine : dans ce ballet les musiciens et les danseurs interprètent des rôles de spectateurs, s'arrachant les « livrets » dans un apparent désordre qui est le chef-d'œuvre de l'harmonie lulliste, comme la confusion de la querelle des maîtres était celui de l'art du farceur. Dans la suite de cet ultime ballet, les dissonances introduites par le jeu sur les langues (l'espagnol et l'italien à côté du français) et sur les variétés des sentiments amoureux prêtés à chacune des trois nations se résoudront de la même manière dans une dernière explosion de joie, grâce au talent des « vedettes », d'ailleurs nommées dans le livret, qu'avaient rassemblées Lulli et Beauchamp.

Dramaturgie

L'étude du *Bourgeois* a souvent été réduite aux scènes parlées. Il est indispensable, pour la compréhension même des dialogues, de tenir compte de l'ensemble, c'est-à-dire des divertissements qui s'y insèrent et de ceux qui les précèdent ou qui les suivent. Il est par ailleurs plus fructueux de consacrer aux personnages une recherche touchant à leur fonction dans l'ensemble de la comédie-ballet, à leur langage et à leurs gestes plutôt que de les envisager d'emblée comme des êtres de chair et d'os. On pourra enfin appliquer au *Bourgeois* une méthode comparative : reprise de types, de schémas de scènes, d'effets verbaux.

STRUCTURE D'ENSEMBLE DU *BOURGEOIS GENTILHOMME*

On pourra procéder à des analyses faisant apparaître les divers niveaux de l'invention :

— Étapes de l'aventure amoureuse de M. Jourdain ; histoire des amours des quatre jeunes gens.

— Succession des divers moments du spectacle (comédie et divertissements) ; modes de liaison entre eux ; effets de transition et de rupture.

— Organisation générale de la comédie à partir de son noyau premier, la turquerie « commandée » par le roi. Cette turquerie devant comporter des aspects burlesques, il fallait l'intégrer dans une comédie où le divertissement fût justifié (d'où l'idée d'évoquer un milieu noble, comme dans *La Princesse d'Élide* ou *Les Amants magnifiques*), mais où il pût comporter des aspects ridicules (d'où l'idée de faire du héros un bon bourgeois riche mais ignorant). Ce type de réflexion permet de rendre compte du titre en oxymore, de la duplicité de l'intrigue, de la présence de scènes apparemment gratuites, comme le dialogue des maîtres à la première scène de la comédie.

ÉTUDE DES PERSONNAGES

L'étude de leurs noms, l'identité, pour certains d'entre eux, de leurs premiers interprètes, la recherche du niveau de langage de chacun d'eux et des « tics » stylistiques des uns et des autres, autant d'éléments permettant un premier classement.

Ces personnages, pour la plupart d'entre eux, rappellent d'autres créations de Molière. La nature de l'intrigue où chacun se trouve mêlé permet de le considérer comme exemple de la permanence et de la « métamorphose » des types dans l'œuvre du poète.

Enfin, la fonction de chaque personnage dans une histoire, mais aussi dans un spectacle à trois dimensions, peut être précisée. Par exemple, Dorante joue successivement le rôle du rival complaisant et intéressé dans l'intrigue imaginaire de M. Jourdain avec Dorimène et celui de l'adjuvant dans l'intrigue amoureuse « réelle » des jeunes gens. La seule utilité de son rôle n'est-elle pas esthétique ?

ÉTUDES COMPARATIVES

Elles pourront porter sur les personnages eux-mêmes. Dans quelle mesure ces personnages constituent-ils des types déjà utilisés, mais transformés, soit par la miniaturisation (Lucile peut être comparée à Mariane), soit par la référence à des réalités sociales de l'époque de Molière (les « docteurs » traditionnels transformés en maîtres spécialisés, le matamore devenu maître d'armes, le vieillard berné du type de Sganarelle dans *Le Mariage forcé* devenu ici un Jourdain dont la position sociale est vraisemblable) ?

D'autres comparaisons pourront se faire entre les « ballets de paroles » du *Bourgeois* (par exemple, le dialogue du pourboire) et des effets analogues présents dans d'autres pièces (par exemple, la scène du retour au logis d'Arnolphe dans *L'École des femmes* [I, 2]), entre les « morceaux » utilisant les langages techniques et les jargons et ceux qu'on a déjà rencontrés et qu'on rencontrera encore, des *Précieuses* aux *Femmes savantes* et du *Médecin malgré lui* au *Malade imaginaire*.

On pourra étudier également la métamorphose des scènes de consultation du philosophe (*La Jalousie du barbouillé*, *Le Mariage forcé* comportent des dialogues comparables à celui de M. Jourdain et du maître de philosophie), ou celle des scènes de dépit amoureux (à partir de la comédie qui porte ce titre et du *Tartuffe*).

À l'occasion de ces diverses recherches, on peut

envisager la diversité des points de vue et des mises en perspective qu'ils entraînent. Dans le dialogue explicite, chacun des personnages comprend d'une certaine manière les propos de chacun des autres (ainsi dans la scène du festin) : c'est la source de malentendus et de quiproquos voulus ou innocents. Mais le dialogue implicite entre le poète et son public ajoute une autre dimension à la première : effets de satire, rappel d'une culture antérieurement acquise (notamment pour le public noble), allusion aux situations et aux structures de scène antérieurement utilisées. On aperçoit généralement qu'un dialogue apparemment simple peut être à la source d'effets complexes intéressant à la fois tous les éléments du spectacle (progression de l'action, caractérisation des personnages, appel du poète et du « peintre », grâce à un réseau de significations sociales, esthétiques ou proprement dramatiques, au public assistant au spectacle et au lecteur de l'œuvre imprimée).

Réception

Nous avons vu dans la préface l'accueil qui fut réservé à la pièce au moment de sa création. Quant aux spectateurs de la première génération, ils semblent avoir été partagés entre l'admiration pour Molière et l'admiration pour Lulli. La ville a assuré le succès de la comédie du vivant de Molière et après sa mort. Régulièrement reprise à l'Hôtel Guénégaud de 1673 à 1680, elle continua de l'être à la Comédie-Française. En 1682, à l'occasion de la naissance du duc de Bourgogne, c'est *Le Bourgeois gentilhomme* qui fut choisi pour une représentation gratuite offerte au public parisien. À la cour, en revanche, les divertissements lullistes ont été intégrés à plusieurs ballets dès 1671 avec le *Ballet des ballets* ; en 1681 et en 1687, gentilshommes et nobles dames interprétaient eux-mêmes les intermèdes du *Bourgeois*, que l'éditeur spécialisé Ballard réimprimait régulièrement.

Quand, en 1672, Lulli rompit avec Molière en prenant la direction de l'Académie royale de musique, il inaugura la première salle de notre Opéra (où il avait entraîné Charles Vigarani) avec *Les Fêtes de l'Amour et de Bacchus*, où étaient repris un certain nombre d'intermèdes des comédies-ballets des « deux Baptistes », dont *Le Bourgeois*. Le goût de la cour s'imposait ainsi décidément au public de la ville.

Au cours des XVIIIᵉ et XIXᵉ siècles, *Le Bourgeois* a été régulièrement représenté à Paris. Des acteurs de bonne carrure, comme Préville et Dugazon au XVIIIᵉ, Samson et Coquelin cadet au XIXᵉ, ont tenu le rôle difficile et épuisant de M. Jourdain. Quelquefois, l'Opéra et la Comédie-Française ont collaboré à une sorte de résurrection de l'œuvre : ce fut particulièrement le cas en 1716 et en 1852, et enfin en 1880 pour le deuxième centenaire de la Comédie-Française. Francisque Sarcey s'ennuya lors de cette dernière reconstitution, où il voyait une « fantaisie archéologique ». Il semble que la musique de Lulli n'ait plus été comprise dès le milieu du siècle dernier. En 1858, on lui substituait une partition de Gounod. Cette tendance s'est prolongée jusqu'à nos jours. C'est Claude Delvincourt qui donna la partition du *Bourgeois* de 1944 où Raimu faisait ses débuts dans la Maison de Molière, André Jolivet celle de 1951, avec Louis Seigner dans le rôle de M. Jourdain, Michel Colombier celle de 1972, à laquelle reste attaché le souvenir de Jacques Charon.

Ainsi, progressivement, une sorte de renversement s'est opéré dans la compréhension et l'appréciation du *Bourgeois gentilhomme*. D'une œuvre née à partir d'un projet de divertissement royal, l'élément original s'est effacé ou métamorphosé jusqu'à devenir méconnaissable. En revanche, les dialogues comiques sont demeurés et ont gardé leur vivacité et leur virulence. C'est sans doute en soi une trahison : si nous ne pou-

vons plus imaginer précisément ce qu'a pu être le travail du chorégraphe Beauchamp, la musique de Lulli
qui nous est parvenue a gardé toutes ses vertus, au
même titre que celle d'*Alceste* ou de *Cadmus et Her-
mione*. De plus, nous savons que le musicien, interprète d'ailleurs, sous le pseudonyme de Chiacheron,
du rôle principal de la turquerie, a constamment tra-
vaillé en étroite collaboration avec le poète comique,
auquel il a sans doute fourni un certain nombre de
répliques. Quoi qu'il en soit, *Le Bourgeois* n'est plus
pour nos contemporains l'œuvre de Lulli, pas même
celle des « deux Baptistes ». Il est d'abord et avant tout
une comédie de Molière. Le Ballet des Nations est
aujourd'hui, sinon pour quelques spécialistes, une
Babel où l'on ne s'entend plus.

BIOGRAPHIE

1622. — Naissance de Jean-Baptiste, fils de Jean Poquelin et de Marie Cressé. Jean Poquelin, tapissier, rachètera en 1631 l'office de tapissier du roi, tenu jusqu'alors par son frère.

1643. — Jean-Baptiste renonce à la survivance de la charge de tapissier de son père, et fonde l'Illustre-Théâtre avec Madeleine Béjart et plusieurs membres de sa famille.

1644-1645. — L'Illustre-Théâtre, installé successivement dans plusieurs jeux de paume, représente des œuvres de Du Ryer, Desfontaines, Magnon et Tristan L'Hermite, mais Molière et ses amis se ruinent et doivent quitter Paris, après plusieurs séjours de leur chef en prison.

1645-1658. — Molière, qui a définitivement choisi son pseudonyme, parcourt la France avec une troupe qui est tour à tour celle du duc d'Épernon, ou troupe de Dufresne, et, de 1653 à 1657, la troupe du prince de Conti.

1658. — Molière et sa troupe, devenue troupe de Monsieur, frère du roi, jouent devant la cour et s'établissent dans la salle du Petit-Bourbon. Au répertoire, à côté des tragédies de Corneille, *L'Étourdi* et *Le Dépit amoureux* obtiennent un net succès.

1659. — Création des *Précieuses ridicules* avec le farceur Jodelet, dont c'est un des derniers rôles.

1660-1661. — Création de *Sganarelle*, de *Dom Garcie de Navarre*, et de *L'École des maris*. En janvier 1661, Molière a quitté le Petit-Bourbon voué à la démolition pour le Palais-Royal, salle construite pour

Richelieu en 1641 par l'architecte Lemercier. En août 1661, première des *Fâcheux* chez Fouquet à Vaux-le-Vicomte. C'est la première comédie-ballet de Molière.

1662-1663. — Mariage de Molière avec Armande Béjart.

Création de *L'École des femmes*. Au cours de la querelle suscitée par la représentation de cette pièce, Molière donne *La Critique de l'École des femmes* et *L'Impromptu de Versailles*.

1664. — Molière est consacré comme poète de cour avec *Le Mariage forcé* représenté au Louvre, et *La Princesse d'Élide*, intégrée, ainsi qu'un *Tartuffe* en trois actes, aux *Plaisirs de l'Île enchantée*, offerts au roi à Versailles en avril-mai.

1665-1669. — Malgré la querelle du *Tartuffe*, qui ne prend fin qu'au début de 1669, et que la représentation de *Dom Juan* (février 1665) n'a fait qu'envenimer, Molière donne successivement la comédie-ballet de *L'Amour médecin*, *Le Misanthrope*, *Le Médecin malgré lui*, *Amphitryon*, *L'Avare*, et participe aux ballets royaux avec *Mélicerte*, *La Pastorale comique*, *Le Sicilien* et *George Dandin*. Après l'impression du *Tartuffe* (mars 1669), Molière donne encore une comédie-ballet : *Monsieur de Pourceaugnac*, créée à Chambord en octobre 1669.

1670-1672. — Molière crée successivement *Les Amants magnifiques* à Saint-Germain, *Le Bourgeois gentilhomme* à Chambord, *Psyché* (à laquelle collaborent Quinault et Corneille) aux Tuileries, et *La Comtesse d'Escarbagnas* à Saint-Germain. En plus de ces comédies-ballets, il donne à Paris *Les Fourberies de Scapin* et *Les Femmes savantes*. Querelle avec Lulli qui, ayant obtenu pour lui seul le privilège de l'Académie royale de musique, abandonne Molière dont il a été le collaborateur pour toutes ses comédies-ballets.

1673. — *Le Malade imaginaire* est représenté au Palais-Royal avec une musique de Charpentier.

Quelques heures après la quatrième représentation (17 février), Molière, qui souffre d'une « fluxion » depuis plusieurs années, meurt chez lui sans avoir eu le temps de recevoir les derniers sacrements. Il est enseveli de nuit à Saint-Eustache.

La troupe de Molière et celle du théâtre du Marais joueront à partir de juillet 1673 au théâtre de l'Hôtel Guénégaud. En 1680, la troupe de l'Hôtel de Bourgogne et la troupe de l'Hôtel Guénégaud fusionneront pour constituer la Comédie-Française.

BIBLIOGRAPHIE

ÉDITIONS

Œuvres complètes, Édition Eugène Despois et Paul Mesnard, Hachette, 1873-1900, Les Grands Écrivains de la France (épuisé), et l'édition établie par Georges COUTON pour la Pléiade, Gallimard, 1971, revue en 1976.

Le Bourgeois gentilhomme, édité par Ch.-L. Livet, Paris, Paul Dupont, 1886, et également le texte édité par Gaston Hall, Londres, 1966.

Les Comédies-Ballets de Molière, éditées par Jacques Copeau, Lyon, I.A.C., 1942.

Théâtre complet, édité par Pierre Malandain, Imprimerie nationale, 1997.

OUVRAGES GÉNÉRAUX SUR MOLIÈRE

ADAM, Antoine, *Histoire de la littérature française au XVIIᵉ siècle*, t. III, Paris, Domat, 1952.

ALBANESE, Ralph, *Molière à l'école républicaine. De la critique universitaire aux manuels scolaires (1870-1914)*, Saratoga, 1992.

BRAY, René, *Molière, homme de théâtre*, Mercure de France, 1954.

DANDREY, Patrick, *Molière ou l'Esthétique du ridicule*, Paris, Klincksieck, 1992.

DEFAUX, Gérard, *Molière, ou les Métamorphoses du comique*, Lexington, 1982.

FORESTIER, Georges, *Molière en toutes lettres*, Paris, Bordas, 1990.

GRIMM, Jürgen, *Molière*, Stuttgart, 1984
                    Molière en son temps, Paris, Seattle, Tübingen, 1993.

GUTWIRTH, Marcel, *Molière*, ou l'Invention comique, Paris, Minard, 1966.

HUBERT, J.D., *Molière and the Comedy of Intellect*, Berkeley, 1962.

JASINSKI, René, *Molière*, Hatier, 1969.

MOORE, Will, *Molière, a New Criticism*, Oxford, 1949.

SIMON, Alfred, *Molière*, Paris, Éditions du Seuil, 1996.

TRUCHET, Jacques (*et alii*), *Thématique de Molière. Six études, suivies d'un inventaire des thèmes de son théâtre*, Paris, SEDES, 1985.

BIOGRAPHIES

BORDONOVE, Georges, *Molière génial et familier*, Paris, Laffont, 1967.

DUCHÊNE, Roger, *Molière*, Paris, Fayard, 1998.

GRIMAREST, Jean, *La Vie de Monsieur de Molière*, Paris, 1705. Édition par Georges Mongrédien, Paris, Brient, 1955.

MALLET, Françoise, *Molière*, Paris, Grasset, 1986 (édition augmentée, 1990).

MONGRÉDIEN, Georges, *La Vie privée de Molière*, Paris, Hachette, 1950.

SIMON, Alfred, *Molière, une vie*, Lyon, La Manufacture, 1987.

DOCUMENTATION

ARVIEUX (D'), chevalier Laurent, *Mémoires*, Paris, 1735, t. IV.

CHEVALLEY, Sylvie, *Les Dossiers Molière, Le Bourgeois gentilhomme*, Genève, Minkoff, 1975.

GUIBERT, Albert-Jean, *Bibliographie des œuvres de Molière publiées au XVIIᵉ siècle*, Paris, C.N.R.S., 1977.

JURGENS, Madeleine et MAXFIELD-MILLER, Élisabeth, *Cent Ans de recherches sur Molière*, Imprimerie nationale, 1963.

MONGRÉDIEN, Georges, *Recueil des textes et des documents relatifs à Molière*, Paris, C.N.R.S., 1965.

— *La Vie quotidienne des comédiens au temps de Molière*, Paris, Hachette, 1966.

VARLET, Charles, sieur de LA GRANGE, *Le Registre de Charles Varlet, sieur de La Grange*, publié par B.E. et G.P. Young, Genève, Droz, 1947.

TECHNIQUES THÉÂTRALES

CHRISTOUT, Marie-Françoise, *Le Ballet de cour de Louis XIV*, Paris, Picard, 1967.

CONÉSA, Gabriel, *Le Dialogue moliéresque*, Paris, P.U.F., 1983.

CORVIN, Michel, *Molière et ses metteurs en scène d'aujourd'hui. Pour une analyse de la représentation*, Lyon, Presses universitaires, 1985.

FORESTIER, Georges, *Le Théâtre dans le théâtre sur la scène française du XVIIᵉ siècle*, Genève, Droz, 1981.

KAPP, Volker (éditeur), *Le Bourgeois gentilhomme. Problèmes de la comédie-ballet*, Paris, Seattle, Tübingen, 1991.

MAZOUER, Charles, *Molière et ses comédies-ballets*, Paris, Klincksieck, 1993.

PELLISSON, Maurice, *Les Comédies-Ballets de Molière*, Paris, Hachette, 1914.

POSTÉRITÉ ET INTERPRÉTATION

COLLINET, Jean-Pierre, *Lectures de Molière*, Paris, Armand Colin, 1974.

DESCOTES, Maurice, *Les Grands Rôles du théâtre de Molière*, Paris, P.U.F., 1960.

D'importants travaux collectifs ont été publiés à l'occasion du tricentenaire de la mort de Molière, notamment par la *R.H.L.F.*, la *R.H.T.* et XVIIe *siècle*.

Le supplément à la *Bibliographie de la littérature française*, vol. III, publié par l'université de Syracuse (E.-U.) en 1983, comporte un important chapitre sur Molière dû à H. Gaston Hall.

LEXIQUE

Affaire : mot à la mode désignant ici la sérénade (I, 2) ou un divertissement de musique et de danse (*ibid.*), ou encore les difficultés que peut entraîner une maladresse (III, 4).

Alcoran : le Coran.

Baste : mot importé d'Italie selon Furetière par Catherine de Médicis, et signifiant : « Cela suffit. »

Bilieux : dominé par la bile jaune ou, autrement, colérique.

Bourgeois : citoyen d'une ville, par opposition soit au vilain de la campagne, soit aux hommes de cour.

Brouillamini : corruption de « bol d'Arménie », expression désignant un remède composé ; le mot évoque « une affaire où l'on n'entend rien » (dict. Académie, 1694).

Cadeau : repas offert, particulièrement à une femme par son amant.

Carême-prenant ou **carême-entrant** : carnaval ou masque de carnaval.

Céans : ici, dans cette maison.

Dîner : repas pris au milieu du jour.

Écu (« le reste de notre écu ») : « On dit aussi de ceux qui surviennent dans une compagnie, et qu'on n'attendait pas : le reste de notre écu » (Furetière). Autrement dit : il ne manquait plus que ces deux-là.

Équipé, équipage : mots évoquant, soit le vêtement, soit tout ce qui accompagne quelqu'un dans ses déplacements.

Figure (« la figure en est admirable ») : sous ce déguisement, Monsieur Jourdain est réussi !

Galant, galanterie : mots traduisant la distinction

qui doit être celle d'un homme de cour, et généralement d'un « honnête homme » (II, 1), dans ce qu'il dit, ce qu'il fait et ce qu'on fait pour lui.

Galera é brigantina : la traduction habituelle (conservée dans la présente édition) n'offre pas un sens bien satisfaisant : la galère et le brigantin désignent des vaisseaux, et la brigantine une voile. Et quelle curieuse association, si l'on accepte cette interprétation, à l'acte suivant, scène première (p. 108), que celle d'un turban avec une galère (*Dar turbanta con galera*) ! Certes, on peut supposer que le *Mamamouchi* de nouvelle fabrique mélange tout. Mais il paraît bien plus probable que « *galera* » représente une déformation, en « langue franque » (p. 103), du latin *galea*, qui signifie « casque », et que « *brigantina* » n'en constitue qu'une autre, pour « *brigandina* », en français « brigandine », « haubergeon ou cotte de mailles dont les soldats et les voleurs se servaient autrefois » (Furetière). Que Monsieur Jourdain soit armé pour défendre la Palestine contre les croisés, ou le Royaume de Jérusalem contre les musulmans ne le soucie guère, du moment qu'il se voit revêtu, tant au propre qu'au figuré, d'une dignité anoblissante remontant au temps des croisades qui lui permet d'aller de pair, en imagination, avec des maisons telles que celle des Bouillon — à laquelle appartenait Turenne —, non moins illustres qu'anciennes : on mesure sa folie des grandeurs. On a vu son agacement lorsque sa femme, ironiquement, lui a demandé : « [...] est-ce que nous sommes, nous autres, de la côte de saint Louis ? » (III, 12, p. 82).

Grouiller : (« la tête lui grouille-t-elle déjà ? ») : « On dit : la tête lui grouille, pour dire : lui tremble de vieillesse, de faiblesse » (*Dictionnaire de l'Académie française*, 1694).

Joli : mot alors à la mode, évoquant toutes sortes d'agréments légers : il ne peut guère s'appliquer à la chanson de Jeanneton, jure avec le mot « dictons » et il est hors de sa place dans une scène évoquant les sciences.

Loisir (attendre le... de) : le moment qui convient le mieux à quelqu'un.

Magnifique : généreux dans ses dépenses.

Marchand : toujours entendu dans *Le Bourgeois gentilhomme* comme commerçant en tissus.

Ouais : interjection familière traduisant la surprise, que celle-ci corresponde à l'irritation ou au ravissement.

Philosophie : le mot désigne tour à tour la sagesse héritée des stoïciens et la science dans ses dimensions universelles.

Raison démonstrative : terme de logique, plaisamment employé à propos de l'escrime.

Rêver : le verbe, qui signifie généralement au XVIIe siècle « méditer profondément », peut avoir aussi le sens moderne d'« être distrait ».

Symphonie : ensemble des instruments d'un orchestre.

Tantôt : aujourd'hui même ; peut renvoyer au temps déjà écoulé ou aux heures à venir.

Tête : (« la tête plus grosse que le poing ») : façon de parler employée « proverbialement et bassement. Lorsqu'un homme paraît rêver et, à qui on demande ce qu'il a, ne veut répondre précisément, il dit qu'il "a la tête plus grosse que le poing", et ajoute ordinairement : et si, elle n'est pas enflée » (*Dictionnaire de l'Académie française*, 1694).

Toucher : (« touchez-lui dans la main ») : « On a coutume de se toucher dans la main pour conclure un marché » — ou, comme ici, un mariage — « ou en signe de bienveillance » (Furetière).

Tout beau : doucement ! prudence !

Train : suite d'un grand personnage.

Tredame : juron féminin, « par Notre-Dame », « par la Vierge ».

Truchement : interprète.

Vilain, vilaine : « peu civile, peu honnête » (Richelet).

Table

Préface de Jacques Morel 5

LE BOURGEOIS GENTILHOMME

Acte I 23
Acte II 35
Acte III 55
Acte IV 91
Acte V 107
Ballet des Nations 117

DOSSIER

COMMENTAIRES 131
   Analyse du Bourgeois gentilhomme 131
      La comédie des maîtres, 131. — La comédie domestique, 133.
   Les personnages 135
   Dramaturgie 143
      Structure d'ensemble du *Bourgeois gentilhomme*, 144. — Étude des personnages, 144. — Études comparatives, 145.
   Réception 146

BIOGRAPHIE 149

BIBLIOGRAPHIE 152

LEXIQUE 156

Composition réalisée par Nord Compo

Achevé d'imprimer en août 2008, en France sur Presse Offset par
Maury-Imprimeur - 45330 Malesherbes
N° d'imprimeur : 138991
Dépôt légal 1re publication : octobre 1985
Édition 20 - août 2008
LIBRAIRIE GÉNÉRALE FRANÇAISE - 31, rue de Fleurus -75278 Paris Cedex 06

30/6126/